高中地理高效课堂
教学与探索

陈立平 著

群言出版社
QUNYAN PRESS
·北京·

图书在版编目（CIP）数据

高中地理高效课堂教学与探索 / 陈立平著. -- 北京：群言出版社, 2024. 8. -- ISBN 978-7-5193-0982-4

Ⅰ. G633.552

中国国家版本馆CIP数据核字第20246V17F7号

责任编辑：李群　宋盈锡
封面设计：麦德森文化传媒

出版发行：群言出版社
地　　址：北京市东城区东厂胡同北巷1号（100006）
网　　址：www.qypublish.com（官网书城）
电子信箱：qunyancbs@126.com
联系电话：010-65267783　65263836
法律顾问：北京法政安邦律师事务所
经　　销：全国新华书店

印　　刷：山东麦德森文化传媒有限公司
版　　次：2024年8月第1版
印　　次：2024年8月第1次印刷
开　　本：710mm×1000mm　1/16
印　　张：11
字　　数：165千字
书　　号：ISBN 978-7-5193-0982-4
定　　价：68.00元

【版权所有，侵权必究】

如有印装质量问题，请与本社发行部联系调换，电话：010-65263836

序

　　我跟立平是同学，即20世纪80年代的中等师范学校学生。都说这是被耽误了的一代人，学校里的尖子生都被选去当了"孩子王"。十八九岁参加工作，把青春和汗水洒在了农村小学的三尺讲台之上。他们是那个时代最优秀、素质最高、付出最大的群体之一。但这一代人也是幸运的，他们在学校接受了良好的全科教育。毕业之后，他们一边教书一边自学，取得了高等学历，成为学校的业务骨干，有的还走上了领导岗位，成为一名全能选手。他们都在各自的岗位上无私奉献，最终挑起了地方教育的大梁。立平就是我们这一代人的一个代表。

　　他1990年参加工作，当时只有18岁，是黄山中学的一名地理老师。历经34年的辛勤耕耘，他现在是山东省邹平市黄山中学副校长，中共邹平市第十三届党代表、滨州市教学工作先进个人，滨州市优秀教师。

　　上课时，他是县优秀教师、教学能手、市优质课获得者；当班主任时，他曾在全县教师节表彰大会上做过典型发言；做共青团工作时，他是省青春立功获得者；任备课组长时，他带领的备课组在全市高考表彰大会上捧回奖状。作为级部主任，他带出了一个心齐、气顺、风正、劲足的集体。作为副校长，他分包的年级总能圆满完成上级下达的高考任务指标。在大家眼里，他是一个有事业心和责任感、充满了激情、以奉献为快乐的人。

　　校长说：他是一个实干的人。他曾创造过黄山中学的一个纪录：一个人教十个班、每周五十节课，还兼一个比较难管的体育班班主任。这个工作量是前无古人的，估计以后也不会有后来人打破这个纪录。在他的带动下老师们都抢挑重担，很快化解了学校扩招带来的师资压力。尽管他衣带渐宽，人累瘦了、累病了，他也没向领导叫一声苦、喊一声累，没向学校伸手要一分钱的额外补助。每一项工作他都尽职尽责，那个别人治不了、常惹是生非的体育班在他手上成了精神文明先进班集体。

老师们说：他是一个值得信赖的人。营造和谐的团队氛围，努力建设一支团结合作、有凝聚力、有战斗力的教师队伍，想办法最大限度调动教师工作积极性，推进教师之间的团结合作，形成积极向上的年级组精神，是他孜孜追求的工作目标。从老师们常挂在脸上的微笑，从年轻教师主动承担更多的工作，从对学校决策的执行力度上，都不难看出：在他带领下，"幸福地做老师、做幸福的老师"已经成为一种团队文化，沉淀在这个富有活力的年级组每个成员的血液里。2012年高考黄山中学名列全市第三，他们功不可没。

学生说：他是我们的知心朋友。学生和他无话不说，把他当成最知心的朋友。"亲其师，信其道。"他的地理课学生听得津津有味，他的教学成绩一直名列前茅，每次学生评教，他的得分是最高的。几年里，他先后救助多名几近失学的学生。班主任工作肩负着塑造人类灵魂的神圣使命，人格需要人格濡化，精神需要精神感染，智慧需要智慧启迪。每逢教师节寄到他手里的一堆堆贺卡，是他最欣慰的获奖证书。

在管理和教学之余，他把这些年来在高中地理教学中所做的探索和研究汇集整理成了这部《高中地理高效课堂教学与探索》，旨在为相关工作者提供有益的参考和启示。

"工作就是人生的价值，人生的欢乐，也是幸福之所在。"立平用自己的实际行动印证了这句话。工作着，快乐着，在三尺讲台之上勤奋踏实地耕耘，无怨无悔地默默奉献！

由俊佐

2024年7月23日

前　言

　　课堂教育的艺术性是杰出的教育者实施教育任务、达到教育目标时必须拥有的关键技能。这涉及教师按照教育的独特规律，巧妙地采用各种教学方式和策略，以实现最出色的教学成果。教师的课堂教育艺术风格反映了他们教学的独特性，是教师的教育方法个性化并稳定下来的象征。课堂教育的艺术是在教学发展到某个阶段后产生的，其标志是大量具有不同教学艺术风格的教师逐渐浮现。素质教育的首要任务是进一步改革课堂教学，这不只是要求教育从业者在理论上加深理解，更是希望他们在实际操作中推进教学到一个更高水平。所以，我们这个时代需要教育的艺术性，期待有更多具备独特课堂教育艺术风格的教师出现。

　　本书是一本关于高中地理高效课堂教学与探索的书籍，旨在为相关工作者提供有益的参考和启示，适合对此感兴趣的读者阅读。本书详细介绍了高中地理教学概述、方法，以及高中地理高效课堂的理论与构建策略，并且深入分析了高中地理课堂教学概述、理念与本质、高中地理课堂教学组织、模式与教学反思等内容，从中让读者对高中地理高效课堂教学有深入的了解；其中着重强调了高中地理课堂教学，以理论与实践相结合的方式呈现。本书论述严谨，结构合理，条理清晰，内容丰富新颖，具有前瞻性。希望本书能够为从事相关行业的读者们提供有益的参考和借鉴。

　　本书在撰写过程中参考了相关领域诸多的著作、论文、教材等，引用了国内外部分文献和相关资料，在此一并对作者表示诚挚的谢意和致敬。由于水平和时间的局限性，书中难免出现纰漏，恳请前辈、同行，以及广大读者斧正。

目录

第一章 高中地理教学概述／001

第一节 高中地理教学的功能与目标／003
一、高中地理教学的德育功能／003
二、高中地理教学的智育功能／006
三、高中地理教学的美育功能／010
四、高中地理教学目标的内容／011
五、高中地理教学目标的功能／012
六、高中地理教学目标的设计／014
七、高中地理教学目标的再设计／017

第二节 高中地理教学的原则与媒体／020
一、高中地理教学原则制定的思想指导／020
二、高中地理教学的具体原则／021
三、高中地理教学中的语言媒体／025
四、高中地理教学中的计算机多媒体／030

第二章 高中地理核心素养的构成／033

第一节 区域认知素养／035
一、区域认知素养的内涵／035
二、区域认知素养策略研究／037
三、区域认知水平的考查评价／039

第二节 综合思维素养／041
一、综合思维素养／041
二、地理综合思维培养的理论基础／043

三、地理综合思维素养培育教学 / 045
  第三节　人地观念素养 / 048
　　一、人地观念的内涵 / 048
　　二、人地观念的构成 / 048
　　三、人地观念在地理核心素养中的位置 / 050
　　四、人地观念在地理课程设计中的重要性 / 050
　　五、人地观念的渗透 / 052
　　六、基于核心素养培养的人地观念主题课堂教学策略 / 053
  第四节　地理实践能力素养 / 054
　　一、地理实践能力素养概述 / 054
　　二、地理实践素养培养的理论基础 / 055
　　三、地理实践能力素养的价值 / 056
　　四、地理实践基础能力的培养 / 057
　　五、核心素养下高中地理实践能力素养的培养策略 / 059

第三章　高中地理教学方法 / 063
  第一节　高中地理教学方法的概述与应用 / 065
　　一、地理教学方法的含义 / 065
　　二、地理教学方法的类型 / 066
　　三、地理教学方法的应用 / 066
  第二节　高中地理教学方法的优选与组合 / 088
　　一、高中地理教学方法组合 / 088
　　二、高中地理实践活动教学 / 089

第四章　高中地理课堂教学 / 099
  第一节　高中地理课堂教学概述、理念与本质 / 101
　　一、地理课堂教学概述 / 101
　　二、地理课堂教学理念 / 103
　　三、地理课堂教学本质 / 105

第二节　高中地理课堂教学组织、模式与教学反思／109
一、地理课堂教学组织／109
二、地理课堂教学模式／117
三、地理教学反思／132

第五章　高中地理高效课堂的理论与构建策略／137

第一节　高效课堂的内涵与基础／139
一、高效课堂的基本要素／139
二、高效课堂的教学特征／140
三、构建和谐的高效课堂／141
四、高效课堂的理论基础／142

第二节　高中地理高效课堂的构建策略与评价／145
一、做到高效的备课／145
二、做好高效课堂的教学／146
三、班主任做好班级的动态管理／149
四、基于学生学习行为的高校课堂构建／150
五、高中地理高效课堂的教学评价／159

参考文献／163

第一章
高中地理教学概述

第一节　高中地理教学的功能与目标

一、高中地理教学的德育功能

地理学课程在德育方面具有综合、有序和实用的特性。地理的教学材料和方式中融入了丰富的道德教育成分。从不同的视角来看，地理教学中的德育元素包括但不限于爱国精神培养、社会主义核心价值观传递、团队精神的灌输，以及崇尚刻苦努力的观念，也可以分为理想教育、观念教育、意志教育、情感教育、性格教育等要素。各种要素分类和整合，适应不同的研究和应用的需要。

（一）思想政治教育

1. 爱国主义教育

爱国主义是中华民族传统美德的核心内容之一，新一代青少年正是这一传统美德的继承者和发扬者，因此培养他们的爱国情感和报国之志显得尤为重要。高中地理教材以其独有的形式蕴含丰富的爱国主义教育素材，地理教师可充分利用其优势，广泛挖掘教材本身的爱国主义元素。例如，通过我国优越的地理位置、辽阔的国土、美好的河山、富饶的自然资源和优美的自然风光，让学生感受到祖国山河之美，激发民族自豪感；通过中华人民共和国成立以来，特别是改革开放以来，我国在工农业生产、城市和交通建设、商业的发展等方面取得的伟大成就，弘扬社会主义制度的优越性和坚持中国共产党的正确领导；使学生了解虽然我国自然资源丰富，绝对数量居世界前列，但人均资源达不到世界平均水平，有些资源利用不尽合理，一些资源破坏严重的情况，增强学生忧患意识，树立建设祖国的紧迫感和使命感。

2. 正确的全球意识教育

全球意识教育是地理教学中的德育新问题，因此要正确认识这项教育的本质和必要性。

我国地理教学中的全球意识教育，被冠以"正确"这一限定词，说明这项教育具有我国独特的立场和观点。正确的全球观教育应注重东西方文化的不同、各国的特定国情，同时平衡全球化与地域化的并存趋势，以及各国独特的发展方向。还要重视各国之间的生态和社会联系，拒绝单一思维，主张和平共生，而非把自己的观念强加于人。在教育中还应着重南北经济发展的差异，提出发达和发展中国家之间互助互利的观念，强调南北方在政治平等和经济互补的重要性。正确的全球观教育是教育体系中的关键要素，它鼓励积极的开放态度，反对自恃为中心和排斥外来的观点，但也反对盲目崇拜他国和随波逐流。同时，这样的教育也会强调正确的改革理念，即基于国家的现实情况，同时考虑全球背景，以确保改革的正确方向。

3. 辩证唯物主义教育

地理教学中的辩证唯物主义教育，包括自然辩证观教育和历史辩证观教育。自然辩证法援引的例子有很多属于地球科学，学校自然地理教学中含有丰富的自然辩证观教育因素，学校人文地理教学中含有丰富的历史辩证观教育因素。尤其是人地关系教学，是体现唯物辩证观的极好载体，具有极高的教育价值。辩证唯物主义教育不仅寓于系统地理教学中，也寓于区域地理教学中。

（二）个性品德教育

1. 科学态度和创新意识教育

自然地理教学涉及许多自然规律及对自然现象本质的探索，富含科学教育因素；人文地理教学涉及多门人文科学的社会规律及对人文现象的正确认识。因此，地理教学在自然和人文两方面都能培养学生实事求是、遵循客观规律的科学态度以及科学探索的浓厚兴趣和强烈动机。地理教学涉及学科之广，因而具有独特的科学精神和态度教育优势。

2. 环境伦理和社会生态教育

环境伦理教育是地理教学固有的功能，而明确提出在地理教学中进行环境伦理教育则时间不长。地理教学中的环境教育是事关人类兴衰存亡的重大教育任务。环境问题不仅是认识上是非判断的问题，也是情感上道德判断的问题。地理教学中涉及的许多环境问题案例，也可以揭示其环境伦理层面上的好坏善恶，只有这样才能促使人们择善而为，不做破坏环境的行为。

社会生态方法对于协调人地关系有重大作用。社会生态的理念和方法随着学校地理课程的改革而愈益重要。树立正确的社会生态观必须通过地理教学中社会生态失调与社会生态协调的事例才能实现。

3. 健康个性和人际关系教育

地理教学内容大到全球，小到乡土，课题都是与人类社会发展密切相关的重大问题。因此，地理教学可以使学生形成崇高的理想、远大的志向、务实的态度、积极的价值取向等健康的个性品质。地理教学中实践活动较多，十分有利于培养学生坚强的意志、艰苦奋斗的精神等良好的个性品质。

在地理教学中，融入人文关怀和社会生态思想对于培养学生正确的人际交往观念具有重要价值。地理学的研究不仅关注自然环境，还深入分析人类活动对地球的影响，从而引发对人与自然、人与人之间关系的思考。地理教育有助于让学生认识到在社会中，合作和竞争是共同进步的重要驱动力。通过地理课堂中的案例和讨论，学生可以更好地理解全球化趋势下各国之间的依存关系，以及环境问题对人类命运共同体未来的影响。地理教育的实践性活动，如地理考察、实地调查等，可以让学生亲身体验合作的重要性，强化他们的团队合作能力。在处理复杂的地理议题时，教师应注重引导学生学会协作，集思广益，共同寻找解决方案。通过地理课堂的引导，学生不仅能够更深刻地理解地球的现象和过程，还能从中汲取人际交往中的启示，培养出具有合作精神、团队意识和社会责任感的综合素质，为他们未来的成长和社会参与奠定坚实的基础。

二、高中地理教学的智育功能

（一）知识教育功能
1. 传授地理基础知识

高中教育是学生智力发展过程中的重要阶段，在这一阶段学生所学的各科知识很多都是基础知识。地理教学在高中教育中的一个重要作用就是向学生传授地理基础知识，包括感性知识和理性知识两类。

（1）地理感性知识

地理感性知识由地理名称、地理分布、地理景观、地理演变和地理数据等各种地理事实材料构成，又称为"地理事实"，它反映客观地理事物的表面现象和外部联系。这种地理知识是直观的、具体的，它是形成地理知识体系的基础。只有向学生传授一定数量的地理事实，使学生形成地理观念，学生才能在这一基础上，揭示地理事物的特征，形成地理概念，获得地理理性知识。

地理名称，也可简称为"地名"，是重要的地理基础知识，其他地理基础知识没有地名就无法具体表述和加以区别、比较。地名在经济建设、国防建设，以及人们的生活和学习中都具有重要意义。熟记和了解一定数量的地理名称反映了一个人基本的地理文化素质。

地理分布知识即分布在各个国家和地区的地理事实知识，包括政区分布、各种自然地理要素的分布，以及人口、民族、资源、经济部门、交通线路、城镇居民点的分布等，内容十分广泛。地理事实的分布具有空间性，都能表示在地图上，这对于培养学生认识地理事物和现象的位置、形成空间概念具有重要意义。

地理景观知识是反映各种地理景象或景色的地理感性知识，包括自然和人文两类，它们反映地理事实的表观现象和外部联系。这种知识直观、形象，容易使学生形成对有关地理事实的印象。学生进一步认识这些地理事实的特点，形成地理概念，对获得理性知识起重要的作用。

地理演变知识是反映地理事物和现象发展变化过程的知识，分为自然地理方面的演变知识和人文地理方面的演变知识，前者如四季交替、地壳演变、水循环等，后者如城市发展、工业布局的变化、交通线路的发展等。这类知识有助于学生建立地理事实随时间推移而发展的动态观念，加深对地理名称、景观及其空间分布的理解。

地理数据，又称地理数字，是对地理事实的定量表述，包括指量数字（绝对数字）、顺序数字和比例数字三类。地理数据在地理知识体系中用于同类地理事实的比较，能直观反映其数量差异，对于认识地理事物和现象的规律，具有巨大的作用。

（2）地理理性知识

地理理性知识由地理特征、地理规律、地理成因等基本原理构成，故可简称为"地理原理"。它是反映地理事实的本质特征和内在必然联系的知识，这种地理知识是概括的、抽象的，是地理感性知识的进一步升华和发展。地理教学不仅讲授地理感性知识，而且在讲解地理名称和数据、地理分布、地理景观的基础上，进一步引导学生进行思维活动，对感性材料进行分析、概括，总结地理特征，找出地理规律，分析地理成因，使学生不仅知道"是什么""在哪里"，而且知道"怎么样"和"为什么"，形成较为完整的地理知识体系，从而培养学生的地理思维能力，特别是比较、分析、综合和逻辑推理的能力。

地理特征是反映各种地理事物和现象异同点的地理知识，包括一般地理特征、个体地理特征和区域地理特征三类。一般地理特征反映同类地理事实的共同本质属性，如河流的特征；个体地理特征反映特定的地理事物和现象的本质属性，如长江的特征；区域地理特征反映某一区域的自然和经济特征，表示这一范围内许多个体地理事实的共同本质属性，如我国河流的特征。这三类特征讲授的，能使学生从地理事实的共性、个性和区域性上认识其本质属性，是形成相应概念的前提。

地理规律是反映地理事物和现象必然联系的规律性的地理理论知识，包括地理演变规律和地理分布规律，是地理演变知识和分布知识的深化与发展。地理演变知识的讲授能使学生学会在认识各种地理事物和现象发展变化过程时运用抽象思维，从中概括出规律性；地理分布知识的讲授能使学生学会分析不同数据、判读各种地理分布图，并从中分析、概括出不同事物空间分布的规律性。

地理成因是反映地理事物和现象的因果联系、揭示地理特征和地理规律形成原因的地理基础理论知识。在地理教学中，教师不仅要教给学生某些地理事实，使学生掌握若干地理特征和规律，而且要使学生认识这些地理事实、地理特征及规律的产生原因，解决学生在认知过程中必然产生的"为什么"的问题，使学生形成完整、系统的地理理性思维，并锻炼和发展他们的智力。

2. 培养地理基本技能

培养地理基本技能常与传授地理基础知识合在一起，称为地理教学中的"双基"教学，两者构成地理教学活动的主体，是提高学生地理素质的主要途径。

培养学生的地理基本技能就是培养学生将所获得的地理知识用于实践的能力，即实际运用地理知识的能力。教师只有通过地理基本技能的培养，才能使学生将所学到的地理基础知识巩固下来，学生再经过反复运用，进一步加深对基础知识的理解。这种反复运用的过程，就是地理教学中的练习。教师通过练习，可以培养学生的地理观察能力、地理想象能力、地理记忆能力、地理思维能力和实际操作能力，还可以充分调动学生的学习积极性、主动性，拓展学生的学习思维，使学生理解学习过程，学会学习方法，以提高教学的效果。

学生学习、掌握一定的地理技能，不仅是获取和运用地理知识的必备条件，而且是提高自身地理能力、发展自身智力的重要途径。学生具备了一定的地理技能，就可以独立地、随时随地地吸取地理新知识。因为学生在学校的时间是有限的，在课堂内学习更是无法将所有的知识学到手，所以教师培养学生独立获取新知识的能力比传授知识更为重要。这就要求教师在教学中一定要运用各种教学手段，采用多种方法和途径让学生掌握基本技能，以独立获取新知识。学生掌握了这个"金钥匙"，就会觉得经常有新的知识可学，就会不断地寻求知识、发现知识，向更深、更广的知识领域进军。

（二）能力教育功能

1. 学习能力教育

学习能力是在学习实践中逐步形成的，不能脱离教学过程来培养学习能力。一切学校教学的最终目的都不是教学过程中所传授的有限知识，而是以有限的基础知识为媒介，使学生学会学习。学习能力是多方面的，地理教学中的学习能力因素具有全面性、实用性特点。

地理教学所涉及的知识非常广泛，这些知识具有较强的边缘性、交叉性、综合性，在地理知识的教学中，能使学生形成多种学科乃至多学科综合的学习能力。例如，文理交叉的学习能力、多因素综合的学习能力。

地理教学的形式多样，既要动脑，又要动手，而且所涉及的智能和技能类型比较齐全。地理教学中能力培养的优势广泛体现在观测能力、操作能力、制作能力、读图和绘图能力等技能方面，以及观察能力、思维能力、想象能力和记忆能力等智能方面，在各科教学中是突出的。地理教学的方式多样，有利于培养自学能力和集体学习能力、课堂学习能力和课外学习能力、学校学习能力和社会学习能力等。

2. 实践能力教育

地理教学具有很强的实践性，在实践能力培养方面具有独特的优势。长期以来，学校教育存在一个误区，即将地理教学中实践能力的培养看作单纯技能的培养，低估了地理教学在能力培养方面的价值。其实，地理教学中所培养的实践能力同所培养的学习能力一样，都是由智能和技能组成的。在地理教学过程中，学习能力与实践能力发展的机会都很多，学习—实践—再学习—再实践，如此循环往复，是地理教学中能力发展的必由之路。实践并不仅仅是学习成果的简单再现，更重要的是学习成果在新情境中的应用和升华，从而获得知识与实践能力的双发展。

3. 创新能力教育

创新能力教育是能力教育中最高层次的教育。地理教学在创新能力教育方面也有其独特的优势。地理教学中创新能力的培养，基于比较广泛、比较齐全的学习能力和实践能力的培养。见多识广、动脑动手机会多，是创造意识和创造能力形成的沃土。

地理教学内容有许多闪耀着创造性光辉的范例。从科学假说到科学技术，从古代、近代到现代，地理教学由此而拥有较多的创新能力教育案例。在地理教学内容中，不乏有待探索的重大问题、有待破解的科学之谜，对于激发学生的创新意识非常有利。

地理教学中思维能力的培养，既有收敛式的，又有发散式的；既有正向的，又有逆向的；既有归纳演绎，又有类比；既有逻辑思维，又有辩证思维。地理教学中智能的培养，最突出的是想象能力，其中包括再造性想象与创造性想象。这些因素都有助于创新能力的培养。

三、高中地理教学的美育功能

（一）自然美教育功能

地理教学中的自然美教育功能确实在自然地理教学内容中得到充分体现。自然地理作为地理学的重要组成部分，不仅关注地球的物质构造和自然过程，还包括了丰富多样的自然景观和生态系统，其中蕴含着丰富的自然美。在教学过程中，教师可以通过丰富的图片、视频、实地考察等方式，向学生展示各种壮丽的地貌、美丽的自然景观，如雄伟的高山、广袤的平原、蜿蜒的河流、壮观的瀑布等。通过直观的感受，学生可以深刻体会到地球的多样性和自然之美，增强他们对自然环境的敬畏之情。此外，自然地理教学还能培养学生对生态环境的关注和保护意识。通过学习不同生态系统的结构和功能，学生可以理解生态平衡的重要性，认识到人类活动对环境的影响，从而激发他们积极参与环保行动的动力。

地理教学内容已从静态发展到动态，无论是按地质年代还是按人类历史，无论是沧桑巨变还是时令瞬变，自然地理演变的动态美都在地理教学中有比较充分的体现。

地理教学中的远足考察方式和多媒体演示方式，都能将自然美展现得比较充分，并借此培养学生对自然美的鉴赏意识和审美能力。

（二）人文美教育功能

人文地理关注人类社会的各种活动、文化、传统，以及人与环境的互动关系，强调地理环境对人类社会发展的影响，同时也强调人类活动对地理环境的改变。在人文地理的内容中，我们可以看到人类智慧、创造力，以及对美好生活的追求。教师可以通过具体案例、历史故事、文化传承等方式，向学生展示不同地区的人文景观，如古老的文明遗址、传统的节日庆典、多元的民族文化等。通过这些内容的学习，学生可以更好地理解人类社会的多样性和丰富性，培养跨文化的理解和尊重。同时，人文地理的教育也能够激发学生的思辨和创新能力。通过对不同地区社会发展的分析，学生可以深入思考人类社会的发展趋势、文化传承及可持续发展等问题。这有助于培养学生的批判性思维和创造性思维，使他们能够更好地参与社会和文化的建设。地理教学介绍的人类社会的时空差异，可以使当代当地学生欣赏到时空异质美，以及人文现象演变的节律美、人文现象分布的规律美。地理教学为学生提供了深入社会进行观察和调查的机会，多媒体手段对此做了补充，有利于培养学生人文美的审美意识与能力。

（三）人地协调美教育功能

随着社会的进步，社会审美观念也在更新，人地协调美已成为全球追求的高层次美。人地协调美的教育作为最高层次的美育，落脚到地理教学之中，地理教学的美育功能因此而价值倍增。

随着地理课程的更新，无论是区域地理教学中，还是人文、自然地理教学中，都贯穿着以人地协调美为核心的美育主线。

地理教学揭示了许多全球性人地关系失调问题，揭露这些人类社会的"家丑"，正是从反面进行人地协调美的教育。地理教学中的可持续发展教育蕴含着地理教学中最高水平的美育，可以充分体现人地关系的对称美、和谐美和协调美。人地关系的协调美不只表现为自然生态美，也体现为社会生态美，如民族和睦美、社会进步美、国家统一美、世界和平美等。

四、高中地理教学目标的内容

高中地理教学的主旨在于通过培养地理核心能力，从地理视角实施道德教育。具体目标包括：

第一，学生应能正确理解地理环境与人类活动之间的关系，深入了解它们互相作用的模式、程度及影响，明白人们在不同阶段对这种关系的认知及其背后的原因，深知人与地球的和谐对于持续发展的重要性，并培养对自然的敬畏和追求和谐发展的思维。

第二，学生应具备整体地看待地理事件和特征的能力，能对各种地理元素之间的交互关系进行深入分析，能描述和解释地理事件的形成及演变过程，并能客观地观察、分析和理解各地的地理特性，从而有能力从多角度看待地理问题。

第三，学生应从空间和区域的角度看待地理事件和特征，具有观察其空间分布的能力，并能使用区域综合、比较和联系的方法来认知和评价各个地区，简洁地评估其当前状况及未来发展。

第四，学生应能灵活运用所学的地理知识和技能，在课堂内外和实际的社会环境中，通过各种方式如考察、实验、调研等来收集地理信息，并能针对实际问题进行探索和尝试，具备策划和执行实际活动的能力。

五、高中地理教学目标的功能

（一）指导教学的功能

对于地理教师来说，地理教学目标给教师提供了教学上明确的知识、技能、情感等多维度的目标和教学方法的依据。教师在设计地理教学目标的过程中，必须深入钻研教学大纲（课程标准）和教学内容，并对学习对象等做出系统分析，综合考虑教学方法、教学组织形式、教学媒体、教学评价等方面，以利于整个教学过程的优化。简单来说，教学需有明确目的，地理教育者在制订教学目标时，除了要具备深厚的学科知识和相关领域知识外，还需要了解并掌握教育设计的基础理念、技巧和方法。地理教师只有通过这些知识的学习和运用，掌握地理教学目标的设计，其教师素质和教学水平才会提高。学生明确了地理教学目标后，可在学习中减少盲目性，确定学习重点和难点，从而更好地制订学习计划，学好地理基础知识和技能，即学有目标。

（二）激励功能

教学目标在地理教学中起着至关重要的作用，它不仅指导着教师的教学设计和内容选择，也直接影响着学生的学习动机和学习效果。明确的教学目标能够激发学生的学习兴趣和动机，使他们更有动力去追求知识和技能的获取。

在地理教学中，教学目标应该具有多样性，既包括知识性目标，也包括能力性目标和情感性目标。知识性目标是指学生需要掌握的地理概念、事实、信息等内容，能力性目标则强调培养学生的思维能力、分析能力、解决问题的能力等，情感性目标则关注培养学生的价值观、情感态度、责任意识等。当教师能够将这些目标明确地传达给学生，并将教学内容与学生的现实生活和兴趣相联系，就能够激发学生的学习欲望。学生会认识到学习地理不仅仅是为了应付考试，更是为了更好地理解世界、发展自己的能力及参与社会生活。这种内在的动机将会促使学生更加投入地理学习，积极参与讨论和探索，从而取得更好的学习效果。同时，学生由于了解了确切的学习目标与要求，在达到教学目标以后，会增强学习的成功感，从而进一步激发学习地理的积极性，而且在以后的学习中更有把握。

（三）评价功能

现代教学目标理论兴起的原因就是现代教育评价学的需要。一方面，地理教学目标为地理教学科学评价提供了客观标准。有的专家认为，评价一堂课的好坏，标准只有一个，那就是看教学目标是否达到。这种说法虽有失偏颇，但也不无道理。在目前的地理教学评价体系中，地理教学目标也是教学评价的一个重要指标。一方面，它主要通过对教学目标设计、教学目标表述、教学目标的完成等进行教学质量方面的考核。另一方面，对学生学习的测评来讲，有了教学目标的具体指向，就可以实行以地理教学目标为标准的参照测试，教学目标提供设计标准参照测试题的基础。所以，教学目标也具有检测教学效果的功能。

六、高中地理教学目标的设计

（一）高中地理教学目标设计的依据

1. 社会需要

设计地理教学目标要依据社会需要，并能使它体现出促进社会发展是地理教学的根本目的之一。地理教学活动从产生的时候起，就体现了它的发展总是与社会的政治、经济、文化密切相关的特性：从15世纪的地理大发现（资本主义初期生产力蓬勃发展，商业、航海业的范围不断扩大）、17世纪地理课程开始进入西方的学校学科教育（商业的发展与交往联系的扩大、对市场及原料掠夺竞争的日趋激烈，对地理教学提出更高的要求）、19世纪现代地理学及现代地理课程的兴起，到当今21世纪可持续发展观念成为地理教学的重要内容，都充分说明了地理教学活动是一定社会需要的产物，这种社会需要集中体现在地理教学的内容中，往往以纲要的形式规定在地理教学大纲（课程标准）之中，并以地理教学目的的形式确定下来。所以，在设计地理教学目标时，社会需要是首要的依据。

2. 学生的身心发展规律

学校地理教学是控制并促进学生发展的过程。因此，在设计地理教学目标的过程中，学校必须结合学生的身心发展规律，从学生的实际水平和实际情况出发，制订科学的地理教学目标。这里的身心发展规律有如下两方面的含义。

一是指不同年龄阶段的学生有不同的生理、心理发展的特征。例如，按学生认识能力的发展特征，地理教学目标的设计应由简入繁、由浅入深。从发展阶段而言，在中小学与高中的对比中，高中学生的思维已经不再受到简单的经验和形象思考的束缚，他们的逻辑分析能力超越了初中时期。他们不再仅仅沉浸于空想，而是在了解社会和自我之后，设定自己的生活目标。因此，高中地理课程不仅强调知识的连贯性，也着重培养学生对人与大自然关系的认识。尤其要认识现在和未来社会可持续发展的必要性与主要途径。教学目标的设计应注意地理规律与地理问题的应用、分析、综合方面的具体设定。

二是指学生的个体差异。学生无论是在内在的潜能、先天的素质，还是在外在的生活环境等方面都存在差异，学生的发展程度不同是我们在设计地理教学目标时应充分考虑的因素。体现在地理教学目标中，我们应注意目标设计的起点，使教学目标不脱离大部分学生的实际需要。

3. 地理学科的特点与内容

任何一门课的教学都必须掌握这门学科特点及学科内容。地理教学目标的设计是为地理教学服务的，当然更不能脱离这一中心，否则必然会失去地理教学的科学性。

首先，地理学的主要特点主要有以下几方面。

（1）整体性

地理探讨的领域极为宽泛，囊括大气、水体、岩层、生命和人类智慧等五个层面的各项要素，以及它们相互之间的联系和演变过程。因此，地理不仅关注单独的事物和发展，更从宏观角度展现我们所生活的世界，即地理环境。这种整体观念是地理的显著特征。

（2）区域特性

无论是自然还是人文的地理现象，都具体体现在某一特定地区。地区的综合特性和各异性构成地理学的核心理念，也是其与其他学科最为不同的根本属性。

（3）交叉性

地理学研究的五大层面都处于开放状态，始终与外部系统进行物质、能量、信息的交流。这种交叉性使地理学既涉及自然科学，又与社会科学相结合，如与物理、化学、生物、历史和政治等各种学科相互关联。

（4）应用导向

地理学是基于人类实践活动而不断发展起来的学科，因此，要准确地理解地理环境，必须与实际应用紧密相连。

其次，高中地理的教学内容与目标应该密切结合，以确保教育的系统性、连贯性和实用性。基于上述四个方面的内容，可以设定以下教学目标。

（1）对于研究地面各种地理事象的分布并探究其原因

①学生能够描述并分析主要的自然和人文地理事象的全球和地区分布。

②学生能够理解和解释这些分布背后的原因，包括自然和人为因素。

（2）反映地理事物与地理现象间的相互联系和地区差异性

①学生能够分析并解释不同地理事物之间的关系，如气候与植被、人口分布与经济发展。

②学生能够辨识和评估不同地区的地理特征和差异。

（3）探寻地理事象变化发展的规律

①学生能够预测并分析地理事物和现象的潜在变化和发展趋势。

②学生能够理解人类活动如何影响地理环境的变化和发展。

（4）阐明人和地理环境的正确关系

①学生能够明白人类活动与环境之间的互动关系，意识到其对环境的影响。

②学生能够评估和建议如何维持或恢复人地关系的平衡，以促进可持续发展。

（二）高中地理教学目标设计的要求

1. 系统化

设计地理教学目标的系统化要求，主要有三个含义。

首先，要遵循教学目标自身的系统性特征。现代教学论指出，教学目标实际上有教育目的、培养目标、课程教学目标、单元教学目标和课时教学目标五个层次，它们通过不断地具体化，由上而下形成一个完整的体系。

对高中地理教学而言，地理教育目的、培养目标、地理课程教学目标都已由国家的教育方针政策、课程计划、教学大纲（课程标准）做出规定，对于广大地理教师来说，地理教学目标的设计主要是设计单元教学目标和课时教学目标。在进行这两种教学目标设计时，教师必须考虑到目标体系的系统性，即目标的横向作用和纵向联系、各层次目标的连续性和递阶性，以达到目标间的相互联系、相互促进。

其次，在设计地理教学目标时，要综合考虑和分析地理教育教学系统的各个要素，如教师、学生、课程内容、教学条件等，其中包括分析地理教师的专业水平、学生的心理生理条件及社会背景等。

最后，设计地理教学目标也要把地理教学目标的设计看作教学设计过程的一个步骤。一般认为，教学设计的理论模式包含四个基本因素：分析教学对象、制订教学目标、选用教学方法、开展教学评价。教学目标的设计是居于这一设计系统过程的基础和中心位置的，与其他各项间相互制约、相互联系，在教学目标的设计中，要综合考虑、全面平衡。

2. 具体化

设计地理教学目标的具体化是指教学目标的表述力求明确具体，可观察和测量，避免用含糊不清和不切实际的语言表述。例如，在教学目标的表述中出现"培养学生对大自然的审美和观察力""发展学生地理综合分析能力""体会我国劳动人民的勤劳与智慧，升华热爱祖国的思想感情"等，这些表述往往是用描述内部心理的词语来描述的，而这样的内部心理状态是无法明确和观测的，所以这样的地理教学目标是不精确、不适合的。

七、高中地理教学目标的再设计

（一）地理教学目标再设计的意义

正确认识地理教学目标设计存在的问题是解决地理教学目标设计存在的问题的前提。当前，高中地理教学目标设计存在一些普遍的问题，如地理教学目标设计抽象、空洞等。产生这一问题的基本原因是对地理教学目标在地理教学中应该发挥的功能认识不够，即对地理教学目标应该发挥的指向功能、评价功能、激励功能的理解不够。没有操作意义的目标设计（包括表现性目标）是没有意义的。

此外，地理教学目标设计的关系模糊是一个普遍问题，主要源于对"知识与技能""过程与方法"和"情感、态度与价值观"内容的不清晰认识。简要地说，首要目标是确保学生掌握核心地理知识和技能；关键目标是使学生能够运用地理过程如观察、分类、推断等，并掌握实际的操作和实践技能如地理实验、调查；终极目标则是培养学生对地理环境、文化和社会的正确态度和价值观。为提高教学效果，教育者应设计明确、细化的学习路线图，确保每一阶段的目标都被实现，从而帮助学生真正理解和应用地理知识。

观念上不够重视地理教学目标设计，必然导致地理教学目标设计在地理教学设计中的地位不明确，不能发挥地理教学目标在地理教学设计和地理教学实施中的功能。而对教学目标的再设计可以在很大程度上纠正上述问题使教学目标设计更为科学，充分发挥教学目标在高中地理教学中的作用。

（二）地理教学目标再设计的路径

1. 基于遵循地理教学目标设计依据和陈述方式规范性的再设计

一般而言，教学目标的再设计是基于教学实践过程的反思，对原有的教学设计进行修改或重新设计。

何时需要对教学设计成果进行修改，应该从四个方面来考查：

一是教学材料是否过于陈旧（是否有重要的新知识非常适合教学，但教学大纲中没有要求）；二是所设计的教学活动是否引人入胜（学科材料是不是无法引起学习者的兴趣，即使是那些最聪明的、最有探究意向的学习者）；三是是不是呈现方式较差，使学习者无法接受（即使是大多数学习者都有兴趣的内容，也没有触动学习者的兴趣）；四是是不是教学的质和量都无法促进学习（是否有迹象表明，无论怎样教学，学习者的学习效果都没有改变）。这些观点对于明确教学目标的再设计具有启发性。

高中地理教学目标的再设计主要是对地理教学目标设计文本研究的思考。其判断的依据主要是地理教学目标与地理课程标准、地理教学内容和学生发展需要等关系，以及地理教学目标陈述方式规范性等方面，试图通过地理教学目标设计实践，提供可资借鉴、指导的示例，为地理教师进行地理教学目标再设计时做参考。

2. 基于遵循地理教学目标设计原则和学生差异性的再设计

地理教学目标设计应该遵循系统性、全面性、差异性和可操作性的基本原则。坚持系统性原则有利于处理好教育目的、地理课程总体目标与地理课堂教学目标及其教学实践的关系；坚持全面性原则，有利于落实三维目标，对发挥"知识与技能""过程与方法""情感、态度与价值观"的教育教学功能具有重要意义；坚持可操作性原则，有利于发挥地理教学目标的指向性、激励性、评价性和反馈性功能；坚持差异性原则，有利于促进每位学生的发展，最终实现"为了中华民族的复兴，为了每位学生的发展"的教育凤愿。

长期以来，地理教学目标的设计方式，大多采取"一刀切"的思路，以单一的标准适应所有学生，忽略了每个学生都有其独特的学习背景、经验和能力差异。这种做法实际上与学生的真实需求存在差距，只有部分学生能达到这样的目标，而大部分学生则往往因为不能达到而失去了学习的动力和方向。为了更好地满足每个学生的学习需求，地理教学目标设计应该注重个体差异，从而确保每个学生都能根据自己的实际情况和能力得到最佳的教学效果。只有这样，教学目标才能真正引导学生，使他们不断进步并取得满足感。

梯度式设计策略正是对传统"一刀切"教学思路的重要反思和创新。它基于一个简单而又深刻的教育观念：每个学生都是独特的，他们有不同的认知起点、学习经验和智力水平。这种策略的实施，意味着教育真正回归到以学生为中心的路径上，教育不再是一个单一的、线性的过程，而是一个多元化、差异化的过程。

在梯度式设计策略中，教学目标不再是一个统一的标准，而是一个动态的、可调整的标准。它确保了每个学生都有机会按照自己的能力和速度进行学习，同时也为优秀学生提供了更高层次的挑战。这种方法既照顾到了基础薄弱的学生，使其能够在一个相对轻松的环境中逐步建立信心，也能够满足优秀学生的求知欲，激励他们不断追求卓越。

第二节　高中地理教学的原则与媒体

一、高中地理教学原则制定的思想指导

（一）明确地理教学原则的定位

首先，应对地理教学原则定位、对地理教学原则在地理教学论中的适用范围和层次予以明确。地理教学原则与地理教学功能、地理教学目的、地理课程选材原则和编排原则、地理教材编制原则、教材选定原则、内容表述原则、地理教学中诸育法则、地理教学中师生关系准则、地理教学方法优选组合原则、地理教学评估标准等都有内在联系和适用分工，它们之间不能互相替代和互相背离。

1. 地理教学原则有其特定的地位

一个原则体系，如果没有特定的地位，适用范围大小不定，那么这个原则体系不是空泛化就是受束缚。这两种偏向都不利于提出恰当的地理教学原则的表述。地理教学原则属于地理教学方法论的范畴，不能奢望其代行地理教学论总体法则的功能，也不能将其局限于具体的教学方法范畴或某种教育的法则范畴，地理教学原则应当界定为地理教学过程的活动准则，应当涵盖地理教学全过程。

2. 地理教学原则受制于地理教学目的

地理教学原则从地理教学目的出发，来指导实现这些目的的行动过程。不能偏重地理教学目的中的哪一个侧面，也不能按照地理教学目的的分类来逐一提出相应的原则（重复地理教学中的诸育法则），地理教学目的是综合地体现在地理教学过程中的，地理教学过程是诸育的统一。当然，地理教学原

则也不能突破或违背地理教学总目标的要求。

3. 地理教学原则与地理课程设置原则是相互联系的

地理课程总体上还是由国家制定的。地理课程设置原则在时间上先于地理教学原则，地理课程设置原则制约地理教材编制原则，地理课程、课程教材制约着地理教学原则。同时，地理课程、教材及其编订原则贯彻在地理教学过程中，受地理教学原则检验。

（二）覆盖地理教学过程实质的各个方面

地理教学原则指导地理教学全过程，必须覆盖地理教学过程实质的各个方面。

1. 地理教学原则指导地理教学过程中各种教育功能的发挥

地理教学原则不仅指导地理教学过程中各种教育的单项法则，而且对协调地理教学中的各种教育起重要指导作用。由于地理学科的特点，地理教学中诸育功能都很强。因此，地理教学原则应当充分发挥各种教育功能。

2. 地理教学原则指导地理教学中的师生互动

现有的各种地理教学原则体系一般都是对地理教师的要求，很少涉及学生的学习活动及师生的互动。既然地理教学过程是师生教与学的统一，地理教学原则就不能局限于教师教导的层面，而应指导师生活动的全局。

3. 地理教学原则指导地理教学各种方法的优化组合

鉴于地理教学方法方式多样，地理教学原则要求师生应当在掌握各种教学方法的基础上，优选各种适用的方法方式，并且实现优化组合。这也是现有各种地理教学原则体系中注意得不够的地方。

二、高中地理教学的具体原则

（一）五育结合转化的原则

1. 教学计划充分考虑五育结合转化问题

在制订地理课程教学计划、单元教学计划和课时教学计划时，教师要充分挖掘德、智、体、美、劳五育因素，充分考虑五育因素如何在地理教学过程中综合体现，并进一步考虑五育之间如何相互转化的问题；要逐步让学生了解和参与教学计划的制订，并过渡到让学生独立制订学习计划，逐步形成五育结合和转化的学习习惯。

2. 灵活选择作为载体的教育因素

在地理教学过程中充当载体的教育因素不应局限于知识教学因素。从具体教学内容出发，教师可以灵活选择各种教育因素作为载体，兼容其他教育因素。例如，在能力因素突出的地理教学单元，教师可以设计以能力因素为载体，将知识教学、品德教育、美育、体育和劳动教育因素寓于能力培养过程之中；在思想观念教育因素突出的地理教学单元，也可以以观念、意识、情感等因素为载体，融入智育、美育、劳动教育和体育因素。

3. 根据五育结合转化的要求处理教材

严格按照地理课程所规定的地理教学目的来审视地理教材，教材有缺陷的或五育结合转化需要适当延伸的，要做必要的处理，由师生共同补充一些内容。应提高对五育的要求，修改补充教材不足之处，不能以教材为纲来实施地理教学过程。对教材内容和形式进行处理和再创造是地理教学过程中师生共同的经常性教学任务。

4. 按照五育要求改进教学评估

地理教学评估必须贯彻地理教学原则，应按照五育的要求，彻底地改革目前的地理教学评估方法，既要改进对地理教师的评估办法，也要改进对学生的考核办法，应当把促进五育结合转化作为地理教学评估的首项标准。为了全面切实评估五育效果，必须改革现行的地理教师评估标准体系和学生考核标准体系，既要扩充评估内容，又要增加相应的评估形式。地理教学评估必须引进过程评估、现场评估、操作评估、应用评估等多种做法，充实和完善地理教学评估体系，促进五育结合转化原则的贯彻。

（二）综合分析人地关系的原则

1. 构建以人地关系为主线的教学内容体系

地理教学内容体系，无论是课程整体还是各单元各课时，都必须构建以人地关系为主线的结构。地理教师和学生应当在地理教学过程中养成这一教学习惯。教师要逐步教会学生构建人地关系内容结构的方法，并从中让学生逐步深化对人地关系含义的认识，使学生学会用人地空间关系这一最高层次地理概念统摄地理学习过程。目前的教材在不少地方还不能满足以人地关系为主线的要求，师生应在地理教学过程中做必要的处理。

2. 培养综合分析人地关系的习惯和能力

构建以人地关系为主线的地理教学内容体系的过程，就是综合分析人地关系的过程。在地理教学过程中，教师要示范综合分析的方法，让学生了解综合分析的目的和含义，先将综合分析过程分解为"分析—综合—再分析—再综合"的过程，让学生了解如何根据后面综合的需要来选择分析的角度，如何在分析过程中揭示各种有利于综合的关系和联系，如何在综合的过程中区分主要因素与次要因素等。每个地理教学过程，无论长短，都要进行综合分析，并最终提高到综合分析人地关系的层面上来。

3. 树立社会生态观点

在综合分析人地空间关系的过程中，要逐步树立社会生态观点，逐步增强运用这一观点综合分析人地关系的自觉性。社会生态观的理解和形成，不能脱离人地关系综合分析。在地理教学过程的早期，要让学生逐步了解什么是人类活动、什么是地理环境，理解环境及其主体的相对性。不是从概念的字面上，而是从具体分析人地关系的案例中学会社会生态观念和方法，学会分析主体与环境的相互作用和相互关系。

（三）事理兼学、图文并用的原则

1. 采取原理与案例结合的教学方式

贯彻这项原则，必须改变目前还常见的地理事实教学与地理原理教学相分隔的局面。要用地理原理来统摄地理事实，在地理事实教学中提炼出地理理性成果，切不可停留在具体、直观的层面。在信息社会里，特别要防止地理教学养成一批发达国家已经出现的直观形象思维青少年，克服对从感性认识到理性认识过渡的惰性。作为地理原理的案例，不一定千篇一律地采用教材中的例子,可以从当地实际情况出发,采用更接近学生生活的典型地理案例。在学生初步了解地理原理之后，再去分析教材中的例子。

2. 采用图文结合的表述方式

在地理教学过程中，要逐步培养使用两种语言，即文字语言和图像语言。师生之间，不但在文字上要有共同语言，在图像上，尤其在地图以外的图像上，也要有共同语言。一定要把地理教学图像从"插图""附图"的地位上解脱出来，使其成为与文字并列的表述方式。教师应视具体教学内容的性质，而决定采用哪种语言作为主表述方式。必要时，可以转换表述方式，即所谓图文转换，在地理教学过程早期可以做一些转换的示范和练习。一个相对完整的地理教学过程，往往要经过"图—文—图—文"多次循环表述，不要停留在某一个中间阶段。纲要信号是图文转换的中介，可以经常使用。既要学会用图来整理地理事实材料，揭示其中的规律，从感性认识上升为理性认识，又要学会用图来解释地理原则，演绎地理原理于具体特定情境，从第一次概括学习上升为具体应用的抽象，并为第二次概括学习打基础。与此同时，也要学会用文字来准确地概括图像信息或解释图像信息。图文结合的表述方式对地理教师、对学生来说都是必须具备的基本功。

（四）发散探索、创新应用的原则

1. 提高思维自由度

利用地理教学内容的多样性和联系性，不拘泥于教材中的思路和结论，向地理教学内容的各个分支方向大胆思索，提高思维的自由度。地理教学内容中有许多一因多果或一果多因的复杂情况，可以加以利用，以培养发散性推导的勇气和能力。同一原因引出的相反结果及发散思维正反两方面的结果，都有很高的思维能力培养价值。地理科学研究中的许多悖论可以作为发散思维的训练机会。

2. 参考实际规划研究

地理教学成果的创新性应用主要表现在区域整治和发展的规划设想上。局限于课堂教学和教材是不能培养探索创新态度和能力的，必须参与当地实际整治和发展的课题研究，才能找到发散思维和创新应用的机会。当地的土地利用规划、环境治理方案、经济发展规划、环境保护规划等，都富含发散、创新的因素。地理教师要在当地实际规划研究中起示范作用，教会学生规划研究的方法。

（五）师生互动、优化有序的原则

1. 以师生互动过程设计教学过程

地理教学过程的设计，不再是地理教师单方面为教师行为所做的设计，也包括学生地理学习过程的设计，不能将师生的行为分开来设计，而应当将师生行为结合起来加以设计，即以师生互动为主线来设计。设计特别要注意不能让学生的学习方法迁就教师的教导方法，而应当摆正主体与中介体的位置，从服务学生的立场来设计教师行为，并求得与学生之间的有效互动。目前，一些地理教师一厢情愿地从自身的特长出发，设计了一些对成人或某些学生来说容易接受的、逻辑关系严谨的教学过程，却没有得到大多数学生的积极回应，而使一些精心设计的"优质课"行之无效，这在地理教学改革中应引起特别的注意。

2. 保持师生教学目标的一致

地理教学过程中，师生活动的有效性在很大程度上取决于师生教学目标的一致性，以及由此而产生的师生互动的协调性。师生教与学目标的一致性不局限于以教师为地理教学信息源。在信息时代，地理教师不再是除教材外的主要信息源，教师教导的作用层次更高，主要是指导学生利用各种地理教学信息源提取、加工地理信息。换言之，地理教学过程中的主体、中介体和共同目标都指向客体，即地理课程。师生教学目标一致，才可能发生朝向共同目标的师生互动，教导方法和学习方法才可能协调一致。

三、高中地理教学中的语言媒体

（一）语言媒体的类型

1. 叙述性语言

叙述性语言是教师向学生介绍科学文化知识内容时使用的比较客观的、陈述性的语言。叙述性语言是地理教学中使用频率较高的一种语言媒体，它能比较客观地反映地理事实、地理现象、自然地理要素和人文地理要素的变化过程以及地理事物空间分布与排列等。叙述性语言还可以细分为以下几种具体叙述方式。

第一，纵式叙述，就是根据地理事物在时间上的联系性进行叙述的语言，它主要适用于具有时间性联系的知识。

第二，横式叙述，就是根据事物的非时间性联系进行叙述的语言，如适用于地理事物空间分布的描述、地理成因的分析、地理过程的推理与判断。

第三，交叉叙述，就是纵向和横向叙述结合起来的叙述语言。其基本特点是纵横交叉，组成立体网络结构。

实际上，在地理教学过程中，以上三种语言叙述方式并没有严格的区分。无论哪种叙述性语言，教师在运用时都应力求做到优美、生动、形象，条理清晰，脉络分明。

2. 说明性语言

说明性语言指教师在教学中给学生解说事物、剖明事理的语言。它主要对地理学科的概念、地理事物的分布规律、地理成因等做清晰准确、通俗易懂的解说剖析，帮助学生加深理解，形成概念。

3. 引导性语言

教师的言语和行为在调动学生主动参与和积极思考方面起到了重要作用，尤其是教师通过语言提示，让学生集中精力，递进思考，把握清晰的逻辑思维主线，使所学内容不断深化，从而达到举一反三的效果。

（二）语言媒体的标准

1. 科学性

科学性是教学语言最基本也是最重要的标准。科学性在地理教学语言中具有至关重要的地位。地理作为一门综合性、实践性强的学科，要求教师在授课时，必须用准确、精练的语言去描述复杂的地理现象和概念，确保学生能够准确理解并掌握知识。以下对以上几点进行进一步的解释和补充。

第一，使用地理学科的专业术语。这是确保学生能够进入学科的深层次，理解学科的内涵和广度的关键。这样，学生在进一步学习或者跨学科学习时，都能够准确理解与应用。

第二，推理要富于逻辑性。地理学是一门科学，所有的知识点都是相互关联的。逻辑性强的教学语言能帮助学生建立知识之间的联系，形成系统的认知结构。

第三，符合语法逻辑及修辞规范。这是确保学生能够准确、快速理解教师讲述内容的前提，避免因为语言问题造成学生的困惑和误解。

第四，干净利索的教学语言。这有助于保持课堂的高效和紧凑，避免学生的注意力分散，也有助于培养学生的思维习惯。

第五，精练的教学语言。这能确保教师在有限的教学时间内，将更多的内容传达给学生，同时也能培养学生的听力和思考能力。

2. 启发性

启发性是地理教学中的关键要素，它鼓励学生从被动的知识接受者转变为主动的思考者。通过启发性的教学语言，教师不仅传授地理知识，更重要的是激发学生的好奇心，引导他们沿着思维的路径自主探索、分析问题。这样的教学方式不仅增强了学生的学习兴趣，还培养了他们的批判性思维和深度学习能力。在这个过程中，教师与学生之间的交流和互动更加频繁，构建了一个和谐而富有成果的学习环境。

地理教学语言的启发性主要体现在以下几个方面。

第一，教学语言要有可接受性。教学语言要使学生能够产生独立思考过程，教师的语言应该适合学生已有的发展水平，是学生能够接受和理解的。学生难以理解的语言只能对学生的学习造成障碍，使他们产生厌倦情绪。

第二，教学语言要有可思考性。过于简单的语言同样容易使学生产生轻视心理，不利于刺激他们思维的发展。实际上，可接受性和可思考性是一对矛盾，真正的启发性教学语言应该能够很好地处理两者之间的关系，其程度应该符合维果斯基"最近发展区"理论，即学生经过努力可以理解并产生相应的新的思维过程，获得发展。

第三，教学语言要具有趣味性。"有兴趣的语言才具有启发性"是一个基本判断，因为在外界条件相同的情况下，学生对所学内容越感兴趣，就越愿意主动思考。

3. 生动性

语言的活泼生动是指教师的语言不死板，灵活丰富，声情并茂，并配以肢体语言，使学生能够在活泼的语言环境中接受学习。若想做到语言活泼生动，我们须要注意以下几点。

第一，地理教学语言要丰富。地理教师要能够运用丰富的词汇去讲述同一类别的内容，使地理教学显得生动活泼。例如，在讲述不同区域时，有时各个区域的典型特征突出，类似的问题也较多，如果总是重复用某一类词汇，教学会显得呆板。

第二，地理教学语言要通俗。在地理教学中，教师要把写文章、教案时所用的书面语言和正式语言转化为口头语言，这样教学才能通俗易懂，亲切感人。口语化的教学语言要求使用规范的普通话，避免使用方言土语；要求使用健康的语言，不健康、不美观的语言禁止在教学中使用。

第三，地理教学语言要幽默。幽默既是教师的基本素质，也是教师自信的重要体现。一名合格的地理教师要善于挖掘地理教学内容中和生活中的幽默因素，进而去营造一种轻松、舒畅的教学氛围。当然，幽默要有一定的尺度，要有利于地理教学沿着正确的方向延伸。

第四，地理教学语言要有情。地理教学语言蕴藏着教师的情感：对学生的情感，对地理的情感，对职业的情感。鲁迅先生曾经讲过："教育是根植于爱的。"它实际上就要求教师在教学过程中要有激情，要有热情，要有深情。

第五，地理教学语言要情理交融。情理交融是地理教学语言科学性和艺术性的融合，特别表现在地理教学中情感、态度与价值观目标的培养上，要求地理教师学会既能晓之以理，又能动之以情。当地理教师对学生进行国家意识、全球意识和环境意识等内容的培养时，一方面，需要用精确的语言告诉学生现实状况和科学道理；另一方面，需要教师用充满感情的语言或语调激起学生强国、忧国、爱国的情感，加强学生对国际事务与国家间相互依存关系的理解。

（三）语言媒体的训练

1. 在实践中多讲多练

教学语言的训练可以从语言表达开始，即先阅读，再朗读朗诵，最后演讲。课堂上，地理教师的教学语言无疑是传达知识和激发学生兴趣的重要工具。这不仅仅是知识的简单传递，而是通过教师的言辞技巧和语言艺术，将抽象的地理概念、理论和知识转化为生动、形象、容易被学生接受和理解的内容。如同艺术家在绘画中对颜色和线条的选择和运用，教师在课堂上对语言的选择和运用也同样重要。

在语言训练的前一阶段，"刻意雕琢"阶段，教师更加关注如何选择词汇、组织句子和段落，使之更有条理、更清晰。这一阶段的目的是使教师认识到教学语言的重要性，并开始积极地改善自己的教学语言。

随后，进入"回归自然"的阶段，教师开始将更多的注意力放在如何与学生自然、真实地沟通。这时，教师不再刻意去追求完美，而是更注重与学生的情感和思维的交流。在这个阶段，教师的语言更加自然、真实，更能够打动学生，更有可能激发他们的兴趣和好奇心。

2. 提高自身修养

教师的语言不仅是信息的载体，更是其个人修养、学识和专业素养的反映。对于地理教师来说，地理科学涵盖了物质世界的许多领域，从自然地理到人文地理，从基础理论到实际应用，每一部分都要求教师有深入的理解和广阔的知识面。

教师在课堂上的每一句话，每一个例子，每一个解释，都是他或她对知识的理解和对学生的关心的体现。语言的富有和深度直接关系到教师是否能够吸引学生的兴趣，引导他们深入思考，激发他们的好奇心和探索欲。因此，地理教师应当不断地学习，不仅要更新自己的知识，还要不断地思考、探索、实践，将所学到的知识和经验融入自己的教学中。只有这样，教师才能真正地与学生建立起深厚的纽带，为他们提供一个充实、有深度的学习环境。

除此之外，地理教师还应当注重跨学科的学习和交流，与其他学科的教师交流，学习他们的教学方法和思路，这样不仅可以丰富自己的知识和视野，还可以在课堂上为学生提供更多元、更开放的学习经验。

四、高中地理教学中的计算机多媒体

（一）计算机多媒体的优势特点

1. 与传统教学手段相比，多媒体教学手段直观新颖，情景再现能力强

多媒体教学手段在现代教育中以其声音、图片、动画和视频的综合体验日益受到重视，为学生提供丰富、直观的学习内容。它可以清晰地展示复杂的概念，加强学生的记忆，提供真实的模拟体验，促进自主与差异化学习。而人们总会被有趣的内容所吸引，多媒体正好满足这一点，将学习变得更为吸引人，从而提高教学效果。然而，对多媒体的依赖也可能导致学生轻视基础知识的掌握，所以教师在使用时仍需恰当地结合教学目标和学生实际情况，确保达到最佳教学效果。

2. 与传统教学手段相比，多媒体教学手段容量巨大，教学效率较高

多媒体教学具备巨大的信息存储和展示能力，可以呈现丰富、生动的教学内容，进而激发学生的学习兴趣。传统的课堂教学手段，如黑板和书本，虽然传统并且在某些情境下仍然有效，但其展示能力相对有限。而多媒体，如计算机、投影仪和电子屏幕等，能够将文字、声音、图像、动画和视频等多种形式的信息融合在一起，为学生提供全方位的学习体验。此外，多媒体教学也有助于教师进行个性化教学，满足学生不同的学习需求和兴趣，从而提高教学效果。然而，这并不意味着传统教学手段已经过时，适时、恰当的结合多媒体和传统手段，才能更好地实现教学目标。

3. 与传统教学手段相比，多媒体教学手段沟通方便，分享性好

与传统教学手段相比，多媒体教学手段确实为教与学提供了无与伦比的便利。其中最大的特点之一是沟通方便、分享性好。多媒体教学平台如在线课堂、互动学习平台和各种教学软件，使得教师能够快速分享课堂资料、视频和互动测试，而学生则可以实时反馈，增强教学互动性。这种即时的交互性不仅促进了学生与教师之间的沟通，还为学生之间提供了一个分享和讨论的空间。

多媒体技术使得课堂内容不再局限于单一的文字或图像，而是可以包括

视频、音频、动画等丰富的形式,帮助学生从多个角度理解和掌握知识。这种多元的表达方式对于满足现代学生的多种学习风格非常有效,特别是对于那些视觉或听觉学习型的学生。除此之外,多媒体技术也为远程教育铺平了道路。无论学生身在何处,只要有互联网连接,他们就可以轻松接入课堂,参与实时或录播的教学活动,这使得教育资源得到了更广泛地分享和传播。

(二)计算机多媒体在高中地理教学中的应用

1. 建立多媒体技术和传统课堂教学相结合的教学模式

多媒体技术的普及已深刻地改变了我们的教学方式和学习环境。特别是在高中地理教学中,这一技术带来了前所未有的机会和挑战。地理学是一门既有实体又有理论的学科,通过多媒体技术,地形、地貌、气候、人文景观等复杂的地理现象和概念可以被更为直观和生动地呈现给学生。例如,通过多媒体技术,教师可以展示三维地形地貌模型,让学生直观地体验各种地形和地貌的形成过程;可以使用动画模拟气候变化、海洋流动等地理现象;可以展示来自世界各地的人文景观和风土人情,让学生身临其境地感受不同地区的文化和风俗。

为了将多媒体与传统课堂教学完美结合,高中地理教师需要进行一些必要的培训,以更好地掌握多媒体技术,并学会如何将其融入教学中。教师也需要时刻保持教学热情和创新精神,将最新的教育技术和教学方法相结合,为学生创造一个既有趣又有深度的学习环境。除此之外,学校和教育部门也应当为教师提供足够的支持和资源,如提供高质量的多媒体教材、持续的技术培训和完善的教学硬件设施,确保教师能够充分利用多媒体技术进行高效的教学。

2. 将多媒体技术合理地应用到高中地理教学中

多媒体技术为地理教学提供了丰富的工具和方法,使地理内容更为生动、直观和有趣。地图是地理教学的基石,而多媒体技术的引入,如数字化的互动地图,让学生可以进行放大、缩小、旋转等操作,更为直观地理解地理现象。此外,通过多媒体视频技术和虚拟现实(VR)技术,学生可以进行虚拟旅行,亲身体验各种地理景观,从而更好地理解和记住地理位置。当涉及不同国家的文化学习时，多媒体技术结合音频、视频和动画等工具，能够更全面地展示一个国家的文化、风俗和生活方式。这种综合应用使学生从多个角度、多种方式接触和探索地理知识，增强了学习体验，并帮助他们建立更为深厚和完整的地理知识体系。

3. 要以提高学生地理读图能力和课堂教学质量为教学目标

传统的高中地理教学，尤其是在高度应试教育的环境下，很容易陷入"死记硬背"的模式。学生为了应对高考，很多时候只是单纯地追求分数，而对真正的地理知识和实践能力的掌握却并不深入。这种现象不仅不利于培养学生的综合素质，还会导致学生在未来的生活和工作中遭遇困境，因为他们没有学会如何将所学的地理知识应用到实际中。

多媒体技术的引入可以帮助改变这一局面。通过多媒体技术，地理教学内容可以变得更加直观和形象，学生可以从中获得更加深入的理解。例如，通过视频技术，学生可以近距离观察到各种地理现象，更好地理解其中的科学原理；通过声乐技术，可以更好地理解各地的风土人情和文化特点；而图片技术和文字技术则可以帮助学生更好地掌握和记忆地理知识。除此之外，教师还可以利用多媒体技术创设更加真实的学习情境，帮助学生体验和模拟实际的地理实践活动。例如，通过虚拟现实技术，学生可以进行虚拟的地理实地考察，从而提高他们的地理实践能力。

第二章
高中地理核心素养的构成

第二章　高中地理核心素养的构成

第一节　区域认知素养

地理的核心能力浮现在人们的视野并随着《普通高中地理课程标准》的推出受到重视，其中，地域感知作为关键组成部分受到了广泛关注。地理研究中的地域性因素显得尤为关键，使得地域感知成为掌握地理学的必备条件。观察发现，学生对地域感知有着迫切的需求。由此，深入探讨地理中的地域感知并构建培养框架，无疑具有深远的学术和实用意义。

一、区域认知素养的内涵

《普通高中地理课程标准》（以下简称《标准》）明确提出要"培养现代公民必备的地理核心素养"，并指出"地理学科核心素养主要包括人地协调观、综合思维、区域认知和地理实践力"。地理学的核心培养把焦点放在了地理独有的教育魅力上，而地域感知正是地理研究的根基和思维方式，这完全受地理学的地域性特质所影响。

（一）问题的提出

在整理相关资料时，部分观点认为，"区域认知"素养是基于对地球不同区域的理解和实践需求，从而采纳不同的标准和尺度来分类地球表面的一种思维方法。而另一些观点更多从区域发展角度出发，重点在于对某一区域的深入评估及对该区域未来发展趋势的预测。经过多次修订，"区域认知"已被定义为"人们利用区域性角度和手法来理解地球表面的多样性的思维技能和才能"。这一定义在强调理解区域本质的技能和方法时，也增加了地理学的区域视角思想，既包括了"策略、视角"又融入了"对特定区域的深入了解"。

《标准》中对于区域认知的描述包括了区域观点、策略手段及价值评估等核心概念。但在学生的核心素养培养中，这些概念并不总是同时涵盖。其中，区域视角意味着要将地理现象或问题放入某一特定的空间范围内进行分析和处理，帮助学生理解空间分割的必要性。而策略手段则指在认识某个区域时所采取的具体途径和技术方法。至于价值评估，则要求学生在考虑区域开发措施和策略时，能够结合地理学的知识来进行评价和判断。显然，区域认知在培育学生时具有广泛的指导意义，但对于教师来说，这种广泛性可能会造成某种理解上的困难，因为其描述不够明确，导致在具体的教学实践中，对学生的区域认知培养可能会显得有些随意。这就更加突出了进一步深入分析区域认知内涵的重要性。

（二）区域认知

地理领域中的区域认知被看作一种独特的知觉形式。所谓的知觉形式，也即认知特点，代表了个体在感知、思考、记忆及解决问题等过程中展现出的稳定的、与众不同的方式。在区域认知的范畴下，这种方式体现为区域意识或者叫作区域观点，该观点不仅引导认知的流程，还在信息整合的各个环节中起到核心作用，这种导向在整个认知流程中都在逐渐加强。信息整合本身是遵循一系列明确的技术和方法，进行一连串基于某些原则的处理后，将呈现出对于特定区域的自然与社会特征的了解，以及对区域发展的价值评价。或者更进一步，基于人与自然和谐的哲学观点，对得出的认知结果进行价值提升。从这个角度看，区域观点、策略技巧及价值评价是紧密相关的，共同构建了区域认知的各个阶段：认知方向、认知流程和认知结论。

认知方向是区域认知的初步阶段，存在于认知开始之前并在整个认知活动中贯穿始终，其在实际过程中会不断得到加强。这意味着学生能主动、有策略地将地理事务或问题放入某个明确的区域来分析和解答。而区域视点因其相对难以测量和某种程度的隐晦性，更能指导学生对某区域进行深入、高效的解读。

认知流程指的是利用各种工具和手段，例如地图，来了解一个区域的情况，如地位、地貌等。这个阶段更注重于使用各种方法和工具，比如用地图工具来进行区域的综合分析、区域对比和区域联系等。

认知结论则是前两个阶段的综合产物。这其中包含了对区域的自然和人文特点的了解，如气象、地形、水系、人群和交通等；同时也包括在此基础上对区域开发策略的益损进行评价，即在人与地理环境和谐共生的前提下对区域的发展进行价值评估。

二、区域认知素养策略研究

区域认知，作为地理学习的核心内容，不仅涉及对特定区域自然、人文特征的认知，还包括对区域发展的价值判断。为了培养学生的区域认知素养，教师需要采取有效的教学策略。以下将从教师的"教"和学生的"学"两个角度深入探讨区域认知素养的培养策略。

（一）教师的"教"角度

1. 课程设计与内容选择

在地理教学中，课程的设计和内容的选择具有重要意义。教师需要确保所选的课程内容能够全面涵盖区域认知的关键概念，包括区域的类型、范围、尺度等要素。同时，课程的设计也应该涵盖对影响区域发展的条件及对区域空间格局的多维度分析等内容。这样的课程设计可以使学生在学习过程中全面理解区域的复杂性和多样性，从而更好地培养他们的区域认知能力。

2. 教学方法选择

教师可以从多种方法中选择适合的授课方式，例如案例研究、小组讨论及实地考察，以促使学生在真实情境中培养和锻炼区域认知能力。透过引入实际案例，教师能够使学生更轻松地理解和掌握抽象的概念。

3. 创设真实情境

利用多媒体、虚拟现实等技术手段，为学生创造真实或仿真的学习情境，有助于学生更深入地理解和应用知识。通过这样的方法，学生能够更具体地将所学知识应用于实际情境中。

4. 引导学生自主学习

教师需要鼓励学生独立思考，培养他们自主寻找、分析和整合信息的能力，从而使他们能够积极参与区域认知的学习过程。这种学习方式能够增强学生的学习动力和自主性。

（二）学生的"学"角度

1. 兴趣的培养

培养学生对区域认知的浓厚兴趣是实现成功学习的关键要素。教师可以透过展示多样化的区域事例，或者引入现实生活中的实际问题，来激发学生对于学习区域认知的兴趣。这种兴趣的激发有助于增强他们对学习内容的投入和探究。

2. 学习策略的培养

学生需要掌握如何利用地图、图表等工具来进行区域综合分析、比较和关联的方法。另外，他们还应该学会如何高效地进行信息筛选、展开批判性思考、进行价值判断。这些技能将有助于他们更全面地理解区域现象，从多个角度进行分析和评估。

3. 反思与自评

学生在学习过程中应该被积极鼓励进行反思，思考他们在区域认知方面的优势和不足之处，并做出相应的调整。这种自我反思有助于他们认识到自身的学习进展和发展领域，从而更好地规划和优化学习策略。

4. 跨学科学习

区域认知不仅仅涵盖地理学的内容，它还与历史、经济、社会学等多个学科紧密交织。通过跨学科的学习，学生可以获得更加综合和全面的区域认知，从而更好地理解和分析区域的发展、变化和影响因素。这种综合性的学习方法有助于培养学生的综合素养和跨学科思维能力。

三、区域认知水平的考查评价

区域认知能力是地理学科中的一个核心组成部分，涉及学生对特定区域的自然、人文特征的认知和评价。要全面、准确地评价学生的区域认知水平，需要构建一套科学、合理的评价体系。以下是对区域认知水平考查评价的探讨。

（一）测评内容的确立

概念认知方面，可以检验学生对于区域、区域特征、区域发展等基本概念的理解程度。而在思维方法方面，可以考查学生是否能够灵活运用地理思维方法，如空间分析、因果关系推理等，来解决涉及区域的问题。另外，通过实际应用的方式，可以评估学生将地理知识应用于解决真实或模拟情境问题的能力，考查他们在实际情境中如何运用地理知识进行分析和决策。这样的综合评价方法有助于全面了解学生的区域认知水平和应用能力。

（二）测评试题的设计

试题的设计应具备多样性，涵盖选择题、填空题、简答题、论述题等多种题型，以全面评估学生的区域认知能力。同时，试题应具有实际性，将地理理论知识与实际情境结合，让学生能够应用知识解决实际问题。此外，试题的设计还应具备层次性，根据学生的学业水平，设置不同难度的题目，以考查他们在不同层次上的区域认知能力。这样的试题设计能够更准确地反映学生的综合能力，促进他们全面提升区域认知水平。

（三）评分标准的制订

评分标准的设计在区域认知能力的测评中至关重要。这涉及量化标准，对于客观题如选择题和填空题，必须有明确的标准答案和评分规则，以确保评分的客观性和一致性。同时，质化标准也同样重要，特别是对于主观题，如简答题和论述题，除了考虑具体答案的准确性，还需要关注学生的逻辑思维、分析能力及清晰的表达能力。综合性标准是不可或缺的，因为一些题目可能涉及多个知识点或技能，评分标准应该综合考虑不同层面的综合表现。此外，随着教学进度和学生认知水平的提高，评分标准需要进行动态调整，以确保评价的准确性和合理性。这样的综合性评分标准设计可以更全面地评价学生的区域认知能力，为他们提供更有针对性的反馈和指导。

（四）反馈与改进

评价的目的不仅仅在于获得分数，更重要的是为了引发对教学的反思和改进。教师应该运用评价结果来深入了解学生在区域认知方面的优势和不足之处，然后相应地调整教学策略。通过仔细分析评价数据，教师可以识别出学生可能存在的知识漏洞、理解障碍或技能不足，并采取有针对性的措施来弥补这些缺陷。这可能包括更灵活的教学方法、更具挑战性的任务和更深入的讨论，以促进学生在区域认知能力上的持续发展。通过不断地反馈和调整，教师能够更好地满足学生的学习需求，从而提高他们的区域认知水平，使他们在未来面对复杂的地理问题时更具信心和能力。

第二节 综合思维素养

随着地理课程改革的进一步推进，学科素养教育逐渐成为新时代中学教育的核心目标。修正后的《普通高中地理课程标准》中强调，地理综合思维素养是学生解析和认识地理过程与法则的关键思维能力。这种综合思维素养在中学地理学科中占据至关重要的位置，融合了时空整合、要素联结及地方总结等多方面内容。对于当前的教育目标，如何有效地培育学生的综合思维能力成为地理教育者面临的关键挑战。

一、综合思维素养

（一）综合思维

思维是人类智慧的体现，其品质多种多样，包括深刻性、灵活性、创造性、批判性和敏捷性等特点。灵活性是思维活动中最为独特的一种，它意味着思考的多角度和跨界度，允许人们迅速地在不同的思维模式或概念之间转换。灵活思维的人通常能在多种情境中"举一反三"，并在面对问题时进行综合性的分析。这种综合性的分析思维并不是简单的叠加或堆砌，而是能够通过概括、推理、归纳等方式，对信息和知识进行有机地整合和构建，使得最终的思考结果既全面又深入。

（二）地理综合思维

地理学的研究范围广泛，涉及自然环境、人类社会、文化、经济和政治等多个领域。这种跨学科的特性要求地理学者具备灵活多变的思考方式。正是基于地理的本质属性，因此，地理思维不仅仅是对事物和现象的简单认知，而是深入探讨其空间性、综合性、区域性和实践性等核心特质。因此，地理思维并不单一，它结合了比较、综合和求异等多种思维方法。

更具体地说，地理综合思维体现了地理学的核心——对各种事物和现象从空间、时间和关系的维度进行综合分析。当面对一个具体的地理问题或现象时，地理学者会尝试从多个角度进行观察，比如，考察一个地区的气候变化，不仅要关注天气数据，还需考虑地形、植被、人类活动等多方面因素的影响。这种基于多元视角的综合分析，使地理学者能够更全面、更深入地理解和解决问题。

（三）地理综合思维素养

地理综合思维素养深刻地反映了地理学科的多维性和复杂性，体现了对地理问题的整体、辩证和深入理解的能力。这种思维模式为地理学者提供了一个完整、系统的方法框架，使其能够更加系统和有针对性地研究和解决各种地理问题。

首先，要素综合为地理研究提供了一个从微观到宏观的视角。通过对地理事物和现象的各个要素的综合分析，研究者能够深入理解其结构、功能和发展规律。这种方法对于揭示地理问题的真实性质和找到解决方法至关重要。

其次，时空综合使地理学者能够把握地理事物和现象的发展演变，从而洞察其背后的驱动力。时间与空间都是地理研究的核心维度，它们相互关联、互为因果，对于分析和预测地理事物的发展和变化有着重要意义。

最后，地方综合提供了一个从局部到全局的研究视角。每一个地理区域都是一个独特的系统，它们之间既有相似性，又有差异性。通过地方综合分析，地理学者可以全面评估地域系统的稳定性、适应性和可持续性，为地区的规划和管理提供科学依据。

二、地理综合思维培养的理论基础

（一）地理综合思维培养的思维心理学理论基础

地理综合思维培养，作为教育过程的一个关键部分，需要深厚的思维科学和思维心理学的支撑。思维心理学为我们提供了关于思维过程和结构的理论基础，使我们能够更系统地、更具针对性地进行思维培训。

地理学科，由于其独特的内容和多维度的特性，为培养综合思维提供了绝佳的平台。地理知识不仅仅是对地球的自然和人文现象的描述，更是一个关于如何理解和解释这些现象的思维过程。这正是思维心理学中所描述的从具体到抽象，从分析到综合的过程。

当学生被引导进入这种综合—分析—综合的循环活动时，他们在进行具体的地理学习的同时，也在不断地锻炼和培养自己的综合思维能力。比如，在学习地形时，学生可以先从对具体的山、河、湖的观察和描述开始，然后逐步上升到对这些地理要素形成的原因和它们之间关系的分析，最后再总结和概括这些要素在大的地理空间中的分布和规律。而在教学中，教师作为指导者和促进者的角色不可或缺。他们不仅需要有深厚的地理学科知识，更需要掌握思维心理学的理论和方法，能够根据学生的特点和需要，设计和实施有针对性的思维训练活动。只有这样，才能确保学生在学习地理的过程中，真正培养和提高自己的综合思维能力，从而更好地理解和应对这个复杂多变的世界。

（二）地理综合思维培养的教育学理论基础

对于地理学科来说，综合性和区域性是其重要的特点，这决定了我们在教学过程中必须强调学生的主动性和整体性思维。实验教育学为我们提供了一种系统的方法来进行这样的培养。通过设定实验、观察和分析结果，我们不仅可以更好地了解学生的学习状况和需要，还可以进一步改进教学方法和策略，使其更加适应学生的实际情况。以大气的热力环流为例，涉及许多复杂的地理和物理知识。但是，通过教学实验的方法，可以将其简化为一些基本的问题和关键点，如垂直方向和水平方向上的大气运动的产生、原因和先后顺序等。在实验过程中,学生可以直接观察和体验这些现象,通过自己的实际操作和思考,获得对这些问题的深入理解和感悟。此外,实验教育学还强调了对实验结果的对比和分析,这也是地理综合思维的一个重要部分。通过对不同班级或不同学生的教学实验结果的对比,可以发现他们之间的差异和规律,从而为今后的教学提供有针对性的建议和指导。

(三) 地理的学科特点

综合性:地理学的核心特点之一就是综合性。它不仅仅关注一个要素,而是如何将地貌、气候、生物、人口、文化和经济等多个要素综合起来看待一个问题或现象。因此,培养学生的综合思维,使他们能够跳出单一要素,对多要素进行整合分析,是地理教育的核心目标。

区域性:地理学注重对特定区域的研究,每个区域都有其独特的地理要素和特点。培养学生的区域性思维,使他们能够将学到的知识应用于实际的地理环境中,理解不同地域的差异和特色。

动态性:地理现象和问题都是动态的,它们随着时间和空间的变化而变化。学生应该被培养成具有动态思维,能够理解和分析地理现象和问题的发展和演变。

基础性:地理学为其他学科提供基础知识,如地球科学、环境科学和城市规划等。培养学生的基础性思维,使他们能够将地理知识应用于其他学科和实际问题中。

实用性:地理学的知识不仅仅是理论性的,它也具有很强的实用性,可以用于解决实际的问题。培养学生的实用性思维,使他们能够将地理知识应用于实际生活中,如城市规划、环境保护和资源管理等。

(四) 地理综合思维培养的地理课程与教学论基础

地理课程与教学论研究地理教学中的各种问题,旨在揭示教学规律,为综合思维提供指导。它强调知识内容的系统组织,使学生全面理解地理知识。通过教学方法如问题导向和探究式学习,学生被鼓励参与学习,锻炼分析和思考能力。评价方式注重学生的综合思维,使用开放性问题和综合评价方法。

课程还推动地理与其他学科的整合，鼓励跨学科教学，培养学生多角度思考。它看重学生为教学中心，强调观察、描述等实践技能的培养，并鼓励利用地图、模型等资源发展思维。

（五）地理综合思维培养的学科融合性基础

在培养地理综合思维能力的过程中，学科融合被认为是关键要素。高中地理课程强调了"人地关系"的重要性，探讨了环境利用和问题解决策略，其中涉及多个学科的知识综合分析。举例来说，考虑到人口增长问题，就需要将地理、历史和政治等学科知识结合起来，从历史的经济发展、自然条件、政府政策等多个角度来进行分析。因此，地理教师在教学中应当将不同学科与地理紧密融合，构建起一个跨学科的知识网络。这可以通过引入综合分析案例、交叉学科的讨论等方式来实现，从而培养学生的思维灵活性，激发他们的学习兴趣，并进一步提升教学效果。这种学科融合的教学方法不仅有助于拓宽学生的视野，还能够使他们更好地理解和应用地理知识，从而更好地应对现实世界中的复杂问题。

三、地理综合思维素养培育教学

地理教学中，由于内容丰富和知识点繁多，教师需培养学生的综合思维，这是核心素养的关键。通过整合与创新，教师应引导学生掌握基础知识、深入挖掘因素、提升图解技巧和利用多媒体学习工具。目标是从多方面锻炼学生的逻辑、推理、发散和形象思维，全面强化综合思维，优化学生的学科学习效果。

（一）梳理基础知识，培养学生逻辑思维

地理学科内容复杂，为促进学生逻辑思维，教师需引导学生系统梳理知识。适当的结构和分类使知识清晰，同时也培养学生的逻辑思考。例如，在教授"地球公转与季节"时，教师可让学生整合所学内容，形成知识体系。通过反复阅读和讨论，学生可建立清晰的认知框架。教师需深入调查学生的

知识整合情况，指导和提建议。系统的知识整合不仅增强学生的认知，还能促进学生形成有效的学习习惯，从而全面提高学生的逻辑思维能力。

（二）分析隐性因素，培养学生推理思维

地理教学涉及众多隐性因素，教师应引导学生进行跨学科联结，拓宽视野并增强推理能力。如在学习"地球圈层结构"时，地震的影响、环境保护等话题超出了纯地理学科，但与地理息息相关。教师应鼓励学生将这些内容与社会、自然、生态等方面结合，从而培养学生的推理思维。例如，学生在讨论大气圈和水圈的异常时，可关联到生物圈的变化，这需要推理和联结不同学科的知识。因此，教师在地理教学中应注重横向联系，使学生能够综合运用多学科知识，提升其地理学习素养。

（三）强化读图操作，培养学生发散思维

强化读图操作是地理学科教学的关键，因为图表不仅是信息的传递工具，更是培养学生发散思维的重要途径。当学生面对一幅地理图时，他们不仅需要解码图上的信息，还需结合已有的知识，进行分析、推测和综合。

地图、图表和图示是学生探究地理知识的直观工具。面对复杂的图形信息，学生需要发散思维，连接不同的知识点，解读图上的每一个细节，然后结合课本知识，进行深入的分析。这种过程不仅能够培养学生的观察力和解读能力，更能锻炼他们的逻辑思考和推理能力。例如，在学习"大气的水平运动——风"时，学生需要了解风的作用力、摩擦力、地转偏向力等知识。通过读图，他们可以清晰地看到这些力量如何在地图上互相作用，从而理解风的运动规律。更重要的是，学生还可以根据图上的信息，进行发散思维，思考这些力量如何影响我们生活中的其他方面。当学生能够熟练地读图，并结合课本知识进行深入分析时，他们的发散思维能力就得到了有效锻炼。长期下来，这不仅能提高学生的地理学科成绩，更能培养他们的综合分析能力和解决问题的能力。教师在教学中应多使用地图、图表和图示，结合实际情境，让学生亲手操作，进行读图训练。同时，教师还应鼓励学生发表自己的见解，分享自己的读图经验，这样不仅能激发学生的学习兴趣，更能提高他们的学

习效果。

（四）注重媒体助学，培养学生形象思维

对于地理学科而言，内容涉及自然景观、气候变化、人类活动、城市建设等众多具有可视化特点的内容。这些内容，如果仅通过文字描述，很难使学生形成清晰的认知图像，而多媒体手段的加入则能够极大地丰富教学展示，使得学生能够更加直观地理解和把握知识点。

图片和视频：对于地理景观、动植物分布、城市发展等内容，图片和视频能够展示出真实的样貌。例如，在学习沙漠地貌时，通过真实的沙漠视频，学生能够体验到沙漠的壮观和荒凉，比起单纯的文字描述更为生动。

动画和模拟：对于一些抽象的地理过程，如板块运动、海流形成等，动画模拟能够帮助学生形象理解这些过程是如何进行的。

音频：某些地理内容中涉及音响元素，如各种自然灾害的声音、森林中的鸟鸣等，通过音频，学生能够更为直观地感受这些声音背后所代表的自然现象。

交互式应用：现代的多媒体工具，如虚拟现实（VR）和增强现实（AR），能够为学生提供沉浸式的学习体验，让他们仿佛身临其境，从而更加深入地理解地理知识。

文本和图表：虽然多媒体手段的加入大大丰富了教学展示，但文本和图表仍然是必不可少的。合理的文字解释和图表分析，能够帮助学生更加深入地理解和掌握知识点。

第三节　人地观念素养

人地观念是地理核心素养的核心,涵盖了正确的自然观、资源观、环境观、人口观和发展观。它对地理课程改革具有深远的意义。地理核心素养的内涵中,人地观念占据了中心地位,深刻地影响着地理课程的设计。通过深入分析人地观念的内容及其在教学中的体现,可以帮助教师更有效地在教学中培养学生的这一关键素养。

一、人地观念的内涵

人地观念不仅仅是对地理知识的掌握,它更深入地涉及我们如何看待人与自然环境之间的关系。它要求我们不仅有知识和技能,更重要的是培养出一种对于人类与地球的关系的正确认知和尊重。这种观念不仅仅是认知层面的,它更涉及情感、态度,以及我们的行为。例如,对于自然资源的珍惜、对于环境的关爱,以及对于全球问题的家国情怀和责任感。

人地观念更加注重学生的全面发展,不仅仅是知识和技能的获取,更多的是对于自己、他人和自然环境的关系的理解和关心。它鼓励学生主动参与、合作与创新,使学生能够在实践中更好地理解和应用地理知识。

二、人地观念的构成

(一)地对人的影响

地对人的影响深远,从基本的生存需求到更复杂的社会文化形态,都受到地理环境的直接或间接影响。例如，沙漠地区的人们为了应对极端的干燥环境，发展出了独特的生活方式和文化传统，如建筑有特定的设计以保持凉爽、饮食中多利用保存性好的食物。再如，沿海地区的人们，因为依赖海洋，生活中大量涉及海产，且与外部交流频繁，形成了开放且多元的文化氛围。与此对比，深山中的民族则可能因为相对封闭的地理环境，保留了更多的传统文化和生活方式。

在农业上，稻米的种植主要集中在水源充足的地方，而小麦和玉米则更适合于温带干燥地区。这些作物的种植分布直接影响了人们的饮食习惯，进而影响饮食文化的形成。在城市规划和发展中，地形和地貌也起到了关键作用。比如，有的城市因为坐落在交通要道或者天然港口而迅速发展，而有的地方则因为地势险要，成为历史上的军事要塞。

地对人的影响不仅仅是直观的生活习惯和文化形态，还有对经济、政策甚至哲学思考的潜在影响。因此，对于学生而言，理解这种影响的重要性，并学会从宏观和微观的角度分析地理环境如何塑造人类社会，是地理学的一个核心能力。

（二）人对地的影响

随着科技的进步和人口的增长，人类对地球的影响越来越明显。从最初的狩猎、采集，到农业、工业的发展，再到现代的信息化、城市化进程，人类活动深度地塑造了地理环境。例如，森林砍伐导致的土地退化和生物多样性的丧失；过度的农业耕作导致土壤质量下降；大规模的工业生产和都市生活导致大量的温室气体排放，从而影响全球气候；水资源的过度开发导致河流干涸、湖泊减少。此外，人类活动还带来了许多其他的地理问题，如地下水过度开采导致的地面沉降、固体废物和污水排放导致的环境污染、都市化导致的城市热岛效应等。但同时，人类也在努力寻找与自然和谐共生的方式。绿色建筑、可再生能源的开发利用、节能减排技术的应用、生态农业的推广等，都是人类为了减轻对地球的压力而做出的努力。

因此，学生在学习人对地的影响时，不仅要认识到人类活动带来的负面影响，还要了解到人们在努力寻找与地球和谐共生的路径。这样，学生可以更好地理解人与自然的关系,并树立起与自然和谐相处、促进人地协调和可持续发展的观念。

(三)人地协调观

人地协调观是21世纪人们日益重视的一个观念,它反映了人类对于人与自然关系的深入认识。在人类社会发展的早期,由于人口较少,技术原始,对自然资源的消耗有限,自然环境对人的制约作用更为显著。随着人类的发展,特别是科技的进步,人们逐渐拥有了改造自然的能力,但也在无意中破坏了许多生态系统,导致了环境问题的爆发。近年来,随着环境问题如气候变化、生物多样性丧失等成为全球性问题,人们逐渐认识到必须重新审视人与自然的关系,重新找到一个平衡点。这不仅是为了保护环境,更是为了人类自身的生存与发展。

三、人地观念在地理核心素养中的位置

地理学科核心素养指导了地理学习的深度和广度,确保学生不只是积累地理事实,而是真正提高思考、判断和应用能力。人地观念是其核心,强调人与地球及自然的关系,促使学生反思人类活动对地球的影响,培养环境意识。综合思维使学生跨学科思考,发现各领域的联系。区域认知通过研究不同区域,让学生理解地理现象和过程。地理实践力则强调应用地理知识解决实际问题的能力,包括批判性思考、决策和团队合作。这些维度相互联系,人地观念作为中心,与其他维度紧密相连,构建了完整、系统的地理学习框架。

四、人地观念在地理课程设计中的重要性

(一)人地观念重塑了学生对地理的认识方式

传统的地理教育往往过于注重地形、气候、自然资源等自然要素的描述和记忆,而新的教育理念强调人与地球的关系,这是一种全新的思考方式。在课程设计中,这种关系不仅仅是学生知识的扩展,更是他们学习地理的动

机和目标。例如,当学生研究气候变化时,他们不再只是记忆温度、降水等数据,而是探索气候变化对人类生活的影响及如何应对。

(二)人地观念为地理课程增添了跨学科的元素

在课程设计中,人地关系的观念与历史、社会学、经济学、生态学等多个学科融合在一起,为学生提供了更加丰富和深入的学习体验。以都市化趋势为例,地理教育不仅局限于探讨都市化的地理因素,还要深入探究都市化对社会、经济和文化等方面的影响。通过将多学科知识融入地理课程,学生能够更全面地理解都市化现象,从不同角度深入分析其背后的驱动力和影响因素。

这种综合性的学习方法不仅丰富了学生的知识层面,还培养了他们的跨学科思维能力。学生在研究地理问题的同时,也能够理解各个学科之间的关联性,形成更加完整的知识体系。通过将历史、社会学、经济学、生态学等不同学科的视角融入地理课程,学生能够更深刻地理解地理现象背后的复杂性,培养出更具有综合分析能力的学习者。

这种综合性的课程设计方法在提升学生的学科素养的同时,还能够培养他们的批判性思维、问题解决能力和跨学科合作能力。在全球化的背景下,培养具备综合素质的学生对于未来的成功至关重要,而将人地观念与多个学科相结合的课程设计正是实现这一目标的有效途径。

(三)人地观念强化了地理教育的实践性

在高中地理课程的设计中,人地关系不仅仅是理论知识的一部分,更是实际问题解决的有效方法。学生在学习地理知识的同时,也需要学会如何运用这些知识来解决现实生活中的问题,比如环境保护、资源管理等议题。这种注重实践的教学方法不仅使地理教育更加引人入胜,还更有助于培养学生的批判性思维能力和问题解决能力。通过将地理知识应用于实际情境,学生能够更深入地理解知识的价值和实用性。他们不仅能够理论上了解人地关系的重要性,还能在实际情况中运用这些概念来找到可行的解决方案。这种实践性的学习方法不仅丰富了课堂体验,还使学生更好地准备去面对日常生活和未来挑战。因此，将实际问题解决方法纳入高中地理课程设计中，不仅能增加学科吸引力，更能提升学生的思维深度和解决问题的能力。

（四）人地观念在地理课程设计中强调了地理教育的价值导向

与传统的知识传授模式不同，人地观念要求学生不仅仅是获得地理知识，更要培养他们对地球和自然的尊重意识，以及对环境的责任心。这种价值观的培养不仅有助于学生个人的全面成长，还对社会的可持续发展产生积极的影响。通过强调人与地球的密切联系，学生能够更深刻地认识到自然资源的有限性及人类活动对环境的影响。这种意识有助于引导学生在日常生活中更加环保和可持续地行动，从而为保护地球的生态平衡做出贡献。而在更广泛的层面上，培养学生具有环保意识和责任感，有助于构建一个更加可持续、健康的社会发展模式。因此，人地观念的培养不仅是教育的任务，也是为了塑造未来社会的重要一环。

五、人地观念的渗透

（一）地理知识的人地观念渗透

中学时期的地理知识分为初中和高中两大部分。初中地理重点探讨地球、地图、全球和国内的地域概况；而高中更进一步，深入系统地理，探索自然和文化地理、区域分析等主题。这些知识为学生提供了对自然与人类交互作用的基础认识，也助力于培育学生的地理素养，为进一步的技能和能力训练打下坚实基础，并促进对人地观念的深化理解。

（二）人地观念在地理技能训练中的应用

所谓地理技能，主要指学生在地理学习和实践中所采用的、与实际地理情况相符的操作方法。例如，地图的解读与应用、地理图表的分析及地理信息的转换等。通过这些技能的训练，学生不仅能够加强对基础地理知识的掌握，还可以进一步认识和体验人与自然的互动关系。

（三）地理能力中的人地观念实践

地理能力主要体现在如何应用已有的地理知识和技能来解析现实中的地理问题。它包括但不限于地理逻辑推理、图像解析、实地操作、信息获取及文字描述等。通过对这些能力的培养，学生不仅能够更好地掌握地理知识和技能，还能真切体会到人地观念在解决现实问题中的重要作用。

六、基于核心素养培养的人地观念主题课堂教学策略

（一）加强学生的地理知识认知

高中地理涵盖了自然地理、人文地理和区域地理等领域。为了培育学生的人地观念，首要的任务是确保学生对这些知识有深入的了解。在重视核心素养的教学中，教师需确保学生不仅了解，还要理解和运用这些知识，以帮助他们塑造良好的地理人文与科学观念，并进一步明确人与自然的关系。

（二）强化学生的地理操作技巧

在核心素养导向的高中地理教学中，除了向学生传递知识，教师还需重视学生地理实践技能的培养。这些技能包括但不限于解读地图、利用地理工具进行分析、地理信息的转译等，确保学生不仅知其所以，还能为其所用。

（三）发展学生的地理实践能力

地理教学的一个核心目标是让学生能够利用地理知识和技巧来解读和应对真实世界的问题。因此，教师在课堂上不仅要教授知识和技能，还要激发学生的地理实践能力，使他们能够在实际情境中恰当地处理与地理相关的问题，特别是与人地关系相关的议题。

第四节　地理实践能力素养

随课程改革深入，中学生的地理核心素养受到了越来越多的重视，并成为地理教学改革的核心目标。这些核心素养主要涉及四大领域：综合思考、人地关系、地理的实际操作及对特定区域的深入理解。尤其是地理实践能力，它关乎学生对高中地理知识的全面掌握与应用，被视为核心素养中的关键。如何更加高效地提升学生的这种实践能力是当前教育领域一个待解的关键问题。因此，教育者们必须不断吸收新的教育观点，努力创新和改进地理教学方法，给予学生更多的机会和空间，从而促进他们在地理实践能力上的进步。

一、地理实践能力素养概述

地理实践能力素养不是一个简单、单一的概念，它涵盖了广泛且深入的内容。对于地理实践能力素养的理解，可以从广义和狭义两个层面进行分析。

广义上，地理实践能力素养指的是个体在与地理相关的实践活动中，所表现出的稳定的、具有地理学科特性的内在素质与修养。这包括了地理实践中所需的知识、技能，以及与其相关的情感、态度和价值观等。而狭义上，它主要指的是个体在地理实践过程中所体现的地理知识与技能，以及与地理实践相关的态度与价值观。

在精神层面，地理实践能力素养体现为与地理实践活动相关的内在的偏好与倾向。这些偏好与倾向决定了个体在地理实践中的兴趣与态度。

在社会层面，地理实践能力素养则体现为个体在实践活动中所展现的修养与品德，这包括了与他人的合作与交流能力，以及对环境的伦理观念和道德观念。

二、地理实践素养培养的理论基础

（一）地理学科的核心思想

《高中地理教育大纲》对高中的地理教育核心提到"注重地理议题的研究探讨。推崇学生独立学习、团队合作与研究型学习，进行地理实地探索、考查、实验研究、地理主题探索等实践经验"。通过各种地理探究活动的实践，让学生身临其境，有助于激发学生的学习热情，推进学生的全面发展。在这样的教学理念之下，老师应扮演起教育活动的指导者角色，协助学生独立设计并完成地理实地观测、探讨等实际操作，最大化学生在地理教育中的参与度。例如，地理书籍里有许多实践操作，如图像解读、实验观察与议题研讨等，教育者可以充分利用这些资源，鼓励学生多进行实际操作，经由实践体验，加强学生的地理操作技能。

（二）杜威的"实践中学习"与陶行知的"教与实践一致性"观点

杜威，作为美国近现代知名教育家，他提倡"实践中学习"的教育哲学，指出传统通过书本获取知识的方式存有局限。因此，他认为在教育过程中，应强调活动和实验的角色，主张理论与实践相结合，强调在操作中学习。学生、教室和教材不应是教育的全部，而应强调学生的主动性，让他们在学习中主动参与、实践。在现代的教学方法中，地理操作能力的培训实际上也是一种在实践中学习的方式，学生在地理实践中不仅是观察者，更是参与者，这种方式相较于传统教学，更能助于学生的理解和吸收。

陶行知，中国近代杰出的教育思想家，他主张"教与实践一致性"，强调教学方法应与实践相结合，认为"实践"是教育中的核心要素。他认为教育应紧密与生活实际联系，这种理念对中国教育产生了深远的影响。在当今倡导创新性教育的时代，教育者应从培训学生实际问题解决能力出发，确保学生不仅在学习中获得知识，更在实践中提升自己的能力。

（三）建构主义理论

建构思维在学习观念上，不认为教与学是简单的知识传输，而是视学习为学生基于原有的认知基础，逐步形成、整合新知识的过程，其中，学生对信息的积极探索和整合尤为重要。在教育方式上，建构思维主张重视学生的实际操作经验。因为学生是学习的核心参与者，教育应着重引导他们运用个人的前知经验，激发他们学习的积极性，促使其完成知识的整合与构建。这样的教育理念可以总结为："以学生为核心，在教育活动中，教育者既是策划者也是引导者，同时还是辅助者和激励者，利用实际情境、团队合作、交流对话等教学元素，最大化地激发学生的探索欲、参与度和创新能力，旨在帮助学生深入、有效地对所学知识进行深层次的理解与整合。"地理学是与我们日常生活息息相关的领域，在地理的教育过程中，鼓励学生探讨身边的地理现象，并通过实践经验，使他们更加积极地对知识进行建构与理解。

三、地理实践能力素养的价值

（一）体现地理学独特观察世界的视角与价值

首先，地理学提供了一个宏观的视野，能够将众多涌现的信息和数据整合为有意义的模式和结构。它涵盖了从自然环境到人文、经济、政治等多个层面。例如，在探讨全球气候变化时，它会结合大气、海洋、生物等自然因素，同时也关注人类活动对这些自然现象的影响及其反作用。

其次，地理学特别强调了空间的重要性。在众多的日常事务中，空间常常被视为一个静态背景。但在地理学的眼中，空间是一个活跃的参与者，与时间共同影响着各种现象。通过地理的视角，可以更深入地理解一个地区的特性、文化、历史、资源和挑战。

再次，地理学成为不同学科间的桥梁，促进了跨学科的交流与合作。面对诸如城市化、资源管理或环境保护等全球性问题，各领域的研究者需要联手合作，而地理学提供了一个互通的平台和语言。

最后，教育领域也深受地理学的影响。地理学为学生提供了一种全新的了解世界的方式，帮助他们看到世界的复杂性和多样性。此外，它还培养了学生的批判性思维、问题解决能力和空间分析技能。

（二）全面落实地理教育的目标与价值

地理教育，在此不仅仅是教导学生如何阅读地图或标定地点。它是一种让学生深入理解世界运作方式，人与自然的互动关系，以及地域之间如何相互联系和影响的教育。它的目标与价值在当下的全球背景下变得尤为重要。

培养全球视野：地理教育能够帮助学生建立全球化的思维方式，认识到个体和地区的行为是如何影响全球系统的，反之亦然。无论是在国际经济、政治还是文化交流中，这种全球视角是当今世界中成功的基础。

理解文化多样性：地理教育不仅涉及自然环境，还包括人类的社会和文化。理解不同地区的文化传统、价值观和习俗对于增进人与人之间的沟通和理解至关重要。

提高环境意识：地理教育可以培养学生的环境保护意识，让他们认识到人类活动对环境的影响，并思考如何实现可持续发展。

培养批判性思维：地理教育鼓励学生批判性地思考和解决问题。面对复杂的地理问题时，学生可以学会从多个角度进行分析，从而做出明智的决策。

培育空间分析能力：在数字化信息时代，空间数据分析能力变得越来越重要。地理教育可以让学生熟悉地理信息系统（GIS）等工具，为他们未来的事业和研究提供技能支持。

增强社会责任感：通过学习地理，学生可以更加明白他们的行为如何影响周围的社区和更大的世界，从而培养出更具有社会责任感的公民。

四、地理实践基础能力的培养

（一）地理观察能力的培养

培养地理观察能力，是培养学生积极探索、深入思考的重要途径。观察是智力发展的基石，它不仅是知识获取的前提，也是思维创新的源泉。地理观察能力的培养，有助于学生从事实出发，逐步构建对世界的准确认知和深刻理解。

地理观察是有目的、有计划的活动。通过实地考察、环境观测、图像分析等方式，学生能够近距离接触地理现象，深入感知地理特征。这种有意识的观察培养了学生的细致观察力和主动探索的能力，使他们能够从表面现象中捕捉到深层次的信息。

地理观察应该与理论知识相结合。通过观察，学生不仅能够理解地理概念，还能够将理论知识应用到实际情境中，从而更好地掌握知识。例如，通过实地考察地质现象，学生能够更好地理解地球的内部构造和地质变化。

教师在地理教学中，应创造多样化的观察条件。借助地图、图表、实物模型等教具，教师能够提供更具体、直观的地理情境，帮助学生进行有针对性的观察。同时，教师也应引导学生养成良好的观察习惯，例如从多个角度观察、记录观察结果、分析现象背后的原因等。地理观察能力的培养，还能激发学生的求知欲望和好奇心。地理世界充满了各种奥秘和变化，通过观察，学生能够不断产生问题、提出疑问，从而促使他们主动探索并追求更深层次的地理知识。

（二）地理思维能力的培养

思维力是智力的核心，它在地理教学中的培养旨在发展学生的地理思维能力。地理思维是指将地理事象、人地关系的规律联系在人的头脑中进行概括和反映的能力，它具备综合性、区域性和广泛性等特点。地理教师在课堂教学中，应充分理解并应用这些特点，以促进学生地理思维的全面发展。

引导学生进行地理思维时，首先要注重辨别地理区域的差异，把握地理区域的特征。地理领域的不同区域具有独特的自然和人文特征，教师应帮助学生理解这些特点，使他们能够因地制宜地利用和改造自然资源，突显地区的独特性，避免将不同区域的特点混淆。此外，在处理广阔的地理事象时，学生需要将地理对象与其所处的空间位置和分布联系起来。地图作为空间信息的重要表现形式，对于培养学生的空间思维能力至关重要。教师可以借助地图，将地理现象与地图联系起来，帮助学生形成准确的空间概念，从而更好地理解地理事物的空间分布和关系。不同的地理教材具有不同的逻辑属性，因此在教学中需要灵活运用不同的思维方法。教师应根据教材的属性，选择适当的思维形式，如比较分析、综合运用等，以发挥不同思维方法的作用。通过多样化的思维训练，学生的思维能力得以全面提升。

（三）地理想象能力的培养

想象力是根据已有的知识和经验创造性地构建新事物形象的能力。地理学领域具备广泛而复杂的要素，因此学生在学习地理并获取地理知识时，常需借助想象的手段。想象在地理学知识的获取和地理科学的发展中扮演重要角色。通常，地理想象运用多种方法，如类比法、分析法、综合法等。在地理教学中，教师应激发和引导学生进行各类想象活动，以培养其地理想象力。充分利用各种地理图像、模型等工具，引导学生进行观察，从而在脑海中形成相关的地理场景。此外，生动、准确、鲜明的叙述或描绘，同样是帮助学生建立正确地理想象和培养想象力的关键要素。教师在课堂中应当一方面鼓励学生大胆进行想象和幻想，同时也需要给予准确的引导和具体的点拨，启发学生的智慧。通过使用比喻、分析、联系和引申等方法，促使学生展开想象，从而更好地理解和记忆所学的地理知识。

五、核心素养下高中地理实践能力素养的培养策略

（一）科学引导，培养学生地理实验操作能力

通过科学引导，培养学生的地理实验操作能力具有重要意义。设计课堂实验活动，引导学生参与实验的组织、开展和应用，是超越课堂时间和空间限制的有效方法。在地理实验教学中，教师应灵活运用实验要求，从培养学生核心地理素养的角度出发，培养他们的地理实验操作能力。

根据多年的地理实验经验，发现实验内容的针对性和具体性越高，学生的接受度越大，实验效果也越好。因此，在地理实验设计过程中，教师需要提高教学的针对性和趣味性。例如，在教授关于"地理形态塑造"的内容时，教师可以有针对性地设计"河流侵蚀模拟实验"，以帮助学生在实际操作中提升地理实践能力。在实验开始阶段，教师可以通过问题引导学生，激发他们的探索思维。例如，通过展示河流侵蚀的图片，引导学生推测水流速度，

并与实际河流流速相联系,推测侵蚀和沉积地点,从而激发学生的实验兴趣。

为了增加实验的趣味性,教师可以设置河流侵蚀的实际情境,如不同植被覆盖下的侵蚀状况,以帮助学生更直观地理解地理知识。此外,教师还应传授正确的实验方法,例如,在实验观察过程中,教导学生用文字和符号记录侵蚀结果,随笔记录实验心得和疑惑,为进一步开展实验奠定基础。

(二)创新教学,培养学生地理观察与观测能力

随着素质教育的推广,地理实践应用能力的培养越来越受到重视。地理观察与观测能力作为其中重要的一部分,需要通过创新的教学手段得以培养。

在课堂教学中,教师可以运用不同地势地形的等高线图来比较教学,以激发学生的观察能力。举例而言,在山地地形图的教学中,教师可以展示典型的等高线地形图,引导学生仔细观察并理解图中的特点。通过引导,学生可以从图中得出"等高线海拔由四周向中心逐渐增大,中心等高线封闭代表山顶"的结论。随后,教师可以鼓励学生模仿绘制,以巩固其地理观察与观测能力。另外,教师还可以根据学生对"等高线"地形图整体知识的掌握情况,设计特定区域的等高线地形图,引导学生判别地势地形。举例来说,教师可以收集典型的西北或西南地区的等高线地形图,让学生运用已学知识观测和分析这些图。此外,教师还可以引导学生到野外进行地形地貌的观测,以加强他们对地理基础知识的巩固,提升地理实践能力。

(三)联系生活,锻炼学生地理调查与考察能力

学以致用是地理课堂教学的最终目标。地理知识本身具有强烈的实践性和应用性,教师可以巧妙地运用这一特点,通过灵活创设教学活动,将地理知识从课堂延伸到现实生活,甚至扩展到更广阔的世界,引导学生在实际实践中运用地理知识,从而提升学生的高中地理核心素养。

1. 加强乡土化整合

为了提供更优质的地理学习环境,学校可以在课程表中新增一门融合当地特色的地理课程,让学生能够在更贴近教材知识的背景下受益。在这一举措中,学生将更具学习动力。这门课程的首要目标是引导学生参与实地考察,

透过对本地的风土人情、地理位置、地貌特征、季节变迁、气候特点、政府对区域的影响等方面的了解，使学生能够在课堂教学与实地实践中逐渐积累知识。人地关系、政府对自然环境的干预等，都是重要的地理知识构成。这门课程的设立将有助于学生更好地提升地理实践能力。

2. 开展户外活动

户外活动可以让学生直接接触自然环境，从而对地理知识有更深入的认识和理解。学生通过户外地理考察，不仅能感受到地理环境因素的影响，还会体会到其他要素如动物、气候、大气变化和温度等的间接影响。仅仅依靠课本知识是不够的。举例来说，在星空变化、太阳活动、植物辨识、气象数据测量等活动中，学生可以借助计算机软件实时分析数据，更好地理解地理知识，从而有效提升地理实践能力。

总之，地理实践能力是培养地理素养的关键部分。提升地理实践能力有助于学生更好地运用地理知识，掌握导航系统、进行野外考察等。在实践中，学生能够将知识与实际操作结合，不断加深对地理的认识，以便将来能够运用地理知识解决实际问题。因此，在高中地理教学中，应摒弃传统的教科书式讲授，更注重让学生明白地理知识的实际应用，以真正提升学生的综合地理素养。

第三章
高中地理教学方法

第三章 高中地理教学方法

第一节 高中地理教学方法的概述与应用

地理教学的成败在很大程度上取决于地理教师是否能够恰当地选择适合的课堂教学模式，合理规划地理教学流程、设计教学环节，并巧妙运用多种教学方法。一位了解地理教学过程的程序与步骤，掌握足够数量的地理课堂教学模式及地理教学方法，且能够根据校情、学情、地理教学内容、地理教学目标及地理教师自身特点等实际教学情况，对地理教学方法进行优选和组合，有的放矢地对学生进行知识教学、能力培养和情感态度与价值观教育的青年教师，从教伊始，便可以具有一定的教学规范和水平。

一、地理教学方法的含义

地理教学方法是指在地理教学过程中，为了实现教学目标、完成教学任务，教师和学生相互作用的活动方式的总称。这包括了教师在教学中所采用的策略、技巧、教学手段，以及学生在学习过程中所采用的学习方式、学习技巧。地理教学方法旨在通过合理的教学设计和实施，促进学生对地理知识的深刻理解和掌握，培养他们的地理思维能力、解决问题的能力，以及实际应用能力。因此，地理教学方法不仅关乎知识的传授，还涉及如何激发学生的学习兴趣、提高他们的学习效果，以及培养他们的综合素养。不同的地理教学方法可以根据教材、学生特点、教学目标的不同而灵活运用，以达到更好的教学效果。

二、地理教学方法的类型

地理教学方法的基本类型主要包括以下三种。

（一）提示型地理教学方法

这一类型的地理教学方法是教师提供地理信息，通过引导学生的受纳性学习，确保他们准确地掌握地理知识和技能，培养地理智能，并培养地理情感、态度和价值观。这种方法通常包括口述法和演示法等。

（二）自主式地理教学方法

自主式地理教学方法是指教师利用系统的步骤，引导学生进行自主学习，探究地理知识，解决地理问题，掌握地理科学研究的方法和程序，养成地理科学态度和品行。这种方法主要包括自学辅导法、探究式教学法、实际操作法等。

（三）合作解决式地理教学方法

合作解决式地理教学方法是通过教师与学生之间、学生与学生之间的合作协商，共同思考、共同探究、共同解决地理问题，共同获取地理知识。这种方法主要包括谈话法和讨论法等。

三、地理教学方法的应用

（一）讲授法

1. 含义

讲授法是一种教学方法，教师通过口头语言向学生描述情境、叙述事实、解释概念、论证原理和阐明规律，以传授知识的方式。然而，讲授法并不等同于注入式教学。在地理教学中，常常采用不同的讲授法，如讲解法、讲述法和讲演法等。其中，讲解法着重于解释、分析知识，将复杂概念或内容解读为易于理解的形式，以达到"书不可传者"的效果。讲述法则以叙述的方式传递知识，常用于历史等教材，或对带有过程性的内容进行分析。讲演法则是以演讲的形式传授知识，强调逻辑和感情的吸引力。

讲授法是大多数教师常用的教学方法，几乎所有课程的教学中都会涉及讲授。作为传统的教学手段之一，讲授法是教师传递知识、学生接受知识的方式。在班级授课的教学组织形式下，讲授法和班级授课密切相关。尽管在教育领域，教学方法进行了多次探索，但没有哪种方法能够完全取代讲授法。这是因为获取知识的方式主要有两条途径：一是通过亲身实践获取直接经验，二是通过学习书本知识获得间接经验。在学生个体层面，亲身实践不可能覆盖所有领域，因此主要通过学习书本知识获取间接经验。在所有获取间接知识的方式中，系统地听老师讲授是最主要、最主导的方式。

2. 运用

讲授法的运用要注意两个方面的基本要求。

（1）讲授内容的要求

在地理教学中，讲授内容的精选至关重要。教师应避免一次性涵盖所有内容，而应选择关键、难以理解的知识点进行详细讲解。重点、难点、关键点是教学中的焦点，教师应深入解释，将其与之前的知识联系起来，形成有机的整体。避免对已掌握内容的反复强调，教师需通过深度分析和思维导引，引导学生深入思考，实现对知识的深入理解与应用。因此，通过精选、联系、深度解析和思维引导，教师能够更有效地传授地理知识，提升学生的学习体验和成效。

（2）讲授形式的要求

在选择讲授形式时，需要满足以下要求。

逻辑性：教师的讲授应具备明确的逻辑结构，层次清晰。避免信息杂乱，讲解过程中不应跳跃，要按照清晰的思路进行，确保学生能够理解和跟随。

启发性：讲授应具有启发性，而非简单的知识灌输。教师应引导学生自主思考，激发他们的思维和探索的欲望。启发问题的设置应适中，不过于简单也不过于复杂。

语言艺术：教师的语言应准确、清晰，以确保学生能够理解。语言应贴近学生，避免使用过于专业化的术语，同时注意避免歧义和误解。

以教授"地方文化特色推动当地旅游业的发展"为例，可以采用如下方式进行讲授：

众多的地方文化景观，无不闪烁着中华民族智慧和勤劳的光芒。身临其境，置身其中，你会身心陶醉。气吞山河的万里长城、气势磅礴的秦始皇陵及兵马俑坑、庄严神圣的布达拉宫等独具特色的旅游胜景，无不令中外游客神往。任何一处旅游景观，即使是"纯自然"景观，也都"凝聚"着一定的文化内涵，体现着地方和民族文化的内在美。地方文化使旅游者不仅能够开阔视野、增长知识，还能获得很好的审美享受。以黄山为例，它美在奇松、怪石、云海、温泉"四绝"，"集天下奇景于一体"，千百年来沉积了丰厚的文化。生动的语言绘声绘色，吸引人的听觉，给人以美的感受。

3. 评价

（1）优点

讲授法在教育中的成本相对较低，能够使学生在相对短的时间内掌握大量的系统科学文化知识。此方法对教育设备和设施的需求也较为简单，只需要基本的教学工具，如粉笔，具备经济性和便捷性。马克思曾指出："再生产科学所必要的劳动时间,同最初生产科学所需要的劳动时间是无法相比的，例如学生在一个小时内就能学会二项式定理。"正如夸美纽斯所设想的，讲授法的主要优点在于"节省时间与精力"，实现了大规模的知识传授。

（2）不足

尽管讲授法具有一些优点，但也存在一定的局限性。如果在实际运用中未能激发学生的兴趣和注意力，也未能激发他们的思维和想象力，也未能引起学生的共鸣，那么很容易转化为注入式教学法，导致学生产生反感和漠视。这可能导致"言者谆谆，听者藐藐"的局面。如果单纯地依赖这种方法进行教学，很可能使学生变得被动，仅仅机械地接受和记忆知识，而无法培养他们的主动性和探究性的学习态度和兴趣。因此，教师应意识到讲授法的局限性，努力通过创新的教学方式和方法，激发学生的主动学习，培养他们的思维能力和学习兴趣。因此，只有针对单凭间接经验就可以阐明的地理教学内容，或不能引导学生直接感知的地理现象或事实,采用此法的教学效果才会较好。

（二）启发式教学法

1. 含义

启发式教学是在教育者的引导下，受教育者主动获取知识、培养智能、塑造完善人格的过程。这种教学方法充分体现了教学过程中教师的引导作用和学生的主动参与。

在启发式教学中，学生在教师的引导下，自主发现问题、深入思考，积极解决知识中的难点和疑惑，培养了分析问题和解决问题的能力。这种方法能够让学生更加积极地参与学习，培养他们的探究精神和自主学习能力，有助于培养完善的人格素养。

2. 运用

（1）以问题为中心

在启发式教学中，教师通过设置情境和问题，引导学生的思考和探究。问题成为学习的中心，激发学生的兴趣和动机，帮助他们积极获取知识和发展能力。

（2）强调新旧知识的内在关联性

启发式教学与建构主义理论一致，认为学习是大脑对新知识的加工过程。学生通过发现新旧知识之间的内在联系，将新知识逐步整合到已有的知识体系中，实现对新知识的深入理解和学习。

（3）强调"情境"对新知识学习的重要性

启发式教学注重通过问题和情境引导学生的思考。这与建构主义的观点一致，合适的情境可以帮助学生更好地理解和应用新知识。情境的营造有助于加速学生对新知识的学习和吸收。

3. 评价

（1）优点

启发式教学法有利于学生集中注意力，积极思考，培养逻辑思维等能力。

（2）不足

采用启发式教学法，要求地理教师精通教学内容，掌握广博的知识，有较强的编制地理问题的能力；问题的难度要把握在学生的最近发展区，把握在学生学习地理的"愤悱心理"的关键处；问题要能吸引学生的注意；问题要能突出教学的重点和关键知识，突破难点。启发式教学法比较适用于理性知识的教学。

（三）谈话法

1. 含义

谈话法是一种教学方法，教师利用学生已有的地理知识、生活经验和学习经历，通过问答的方式来传授地理知识并激发地理思维。在谈话法中，教师提出问题，学生回答，教师从多个回答中选择正确的答案。这种方法通过与学生的互动，让学生积极参与到教学过程中。教师可以根据学生的回答情况调整问题的深度和难度，以适应不同的学生水平和理解程度。谈话法的互动性和个性化特点能够促进学生思维的活跃和地理知识的吸收。这种方法在课堂上有助于培养学生的表达能力、分析能力和地理思维能力，增强他们对地理知识的理解和应用。

2. 运用

在地理教学中，运用谈话法进行教学时，要注意以下几点：

第一，要针对地理教学目标、重点、难点，以及教材内容特点设置问题。

第二，要面向全班学生提问，所提的问题要难易适中，符合学生最近发展区，要明确、具体，重点问题地理性要强。

第三，要留有足够的时间，待学生都能积极思考教师所提的问题后，再指定学生回答，切忌刚抛出问题就指定学生回答，或学生刚回答完一个问题，教师又马上问学生另一个新的问题。

第四，指定学生回答问题时，应顾及好、中、差不同水平的学生，一般来说，根据问题的难、中、易分别指定基础好、中、差的学生回答。

第五，在谈话法的教学过程中，教师应及时对学生的回答给予回应。教师需要对学生的回答进行积极的互动，提出进一步的问题或者引导性的解释，以便扩展和深化学生的思考。在谈话交流之后，教师还应进行小结，对学生的回答进行科学的评价。对于回答得好的学生，要给予充分的肯定和鼓励，激发他们的学习积极性。同时，教师也可以从学生的回答中总结出经验教训，让全班同学一同分享和学习，明确问题的是非，提升大家的地理意识和认识水平。这种积极的反馈和互动有助于加强教学效果，促使学生更深入地理解和掌握所学知识。

3. 评价

（1）优点

教学新知识、复习巩固旧知识及检查学生掌握知识情况等均可运用谈话法。地理事实材料的教学可用谈话法，地理概念和地理原理的教学也可采用谈话法。课内外各种地理观察活动也可使用谈话法提高观察效果。结合学生的年龄特征，谈话法在中学低年级的地理教学中应用比较普遍。谈话法有利于集中学生的注意力，帮助学生理解知识的本质，有利于教师及时了解学生的学习情况。

（2）不足

谈话法也有适用范围，如有些难度较大，或者情节生动、文字精彩的地理知识，由教师讲解或讲读效果更好；谈话法相对于讲授法来说教学时间一般要长一些，在有限的教学时间内过多地采用谈话法，可能难以完成教学任务；谈话法是一门艺术，对于实习教师或新教师来说，运用谈话法有一定的难度，往往在遇到意想不到的教学情况时会手忙脚乱，顾此失彼；运用谈话法，要求学生必须具备一定的知识基础和实际经验，否则师生之间的谈话难以进行。

（四）比较法

1. 含义

比较法是地理教学中常用的方法之一，通过对不同类型的地理事物进行比较，促使学生加深对地理知识的理解。适当地应用比较法，不仅有助于学生学习地理知识，还能帮助他们认识地理事物之间的联系，提升对地理环境的整体认知。

在比较法中，有多种类型，其中包括以下几种。

类比法：比较同类地理事物的相同属性和不同属性，如比较不同河流的水文特征。

借比法：利用容易理解的地理事物来比较难理解的地理原理，以促使学生更好地理解抽象的概念。

纵比法：比较同一地理事物在不同发展阶段的不同状况，有助于分析其变化趋势和影响因素。

并列比较法：将不同地理事物并列进行比较，旨在突出各自的共性和特殊性，帮助学生理解它们的特点。

凸聚比较法：以一个中心对象为基准，与其他对象逐一比较，用以研究中心对象的特征。

联系比较法：揭示地理事物内在联系及相互关系，帮助学生理解事物之间的关联性。

综合比较法：对不同地理区域或综合体进行全面比较，寻找异同点，有助于学生深入理解综合情况。

专题比较法：对地理事物的特定方面进行比较，有助于深入研究某一方面的地理特点。

2. 运用

由于比较法在地理教学中应用广泛，很难固定一种特定的比较步骤或程序。然而，在运用比较法进行地理教学时，有一些基本问题需要注意：

选定比较对象：选择同类地理事物或现象，或者学生熟悉的内容作为比较对象。这有助于学生更好地理解和参与比较。

紧密联系生活实际：进行比较时要紧密联系学生的生活实际，选择与地理教学重点和难点知识相关的内容进行比较。避免选择学生难以理解或与课本无关的对象。

灵活运用多种比较方法：在地理教学中，可以灵活运用多种比较方法，使它们相互联系、交织在一起。这样能够从不同角度、多个维度来深入探究地理知识，发挥各种比较方法的优势。

进行比较法教学时，对所比较的地理内容进行列表比较效果更好，一目了然。

3. 评价

在地理教学过程中，运用比较法进行教学，可使学生通过比较已知地理知识获得未知地理知识。在进行比较的过程中，学生需要积极进行独立思考、分析相似之处和差异，深入探索其背后的因果关系。这种思维活动不仅有助于增强学生的地理思维能力，还能训练他们的分析和解决问题的能力。通过比较，学生需要思考不同地理现象或事物之间的联系和区别，分析导致这些差异和相似之处的原因。这种分析过程促使学生更深刻地理解地理知识，并能在不同情境下运用这些知识。同时，比较也有助于培养学生的逻辑思维和推理能力，因为他们需要通过推断和分析找到各种现象之间的关联性。比较法往往能揭示地理概念之间的异同，凸显地理知识的相互联系，有助于学生对地理知识的理解、巩固、深化，使所学地理知识系统化，有助于认识地理事象的特征和规律。能有效激发学生探究意识，培养其归纳、分析、判断、推理等地理思维能力。

（五）读图法

1. 含义

读图法是指地理教师通过指导学生读图，传授地理知识，培养学生读图用图技能，发展其记忆能力和空间思维能力，使其学会提取图中有效信息加以分析，从而解决实际问题的方法。读图法主要分为四种类型：①地理分布图读图法，如读中国政区图等；②地理原理图读图法，如读水循环示意图等；③地理景观图读图法，如读风蚀蘑菇、风蚀城堡图等；④地理统计图读图法，如读月平均气温统计图等。

2. 运用

第一步，审视图名。

在开始阅读图表之前，首先要仔细审视图的标题，了解图表所要表达的主题或内容，从而有一个整体的认识。

第二步，解读图例。

图例通常会出现在地图或图表的一角，它用符号、颜色等方式表示不同的地理信息或数据，因此要仔细解读图例，理解各种符号代表的意义。

第三步，阅读图内容。

根据图例的指引，开始阅读图的具体内容。对于地图，要注意识别地理要素的位置、方向及分布情况。对于统计图表，要关注数据的数值特征、关系结构、变化趋势等，最好能结合读图思考题进行。

第四步，提取图中尽可能多的信息。

在读图的过程中不仅要从整体上把握，还应注重图中蕴含的细节，从图中提取尽可能多的信息，从而提高观察能力和发现问题的能力。

第五步，进行图文转换。

将图中信息转化成文字或口头语言信息是验证学生读图能力的重要手段，是课堂知识点落实的有效方式，同时也是地理考试的必然要求。

第六步，结合背景材料综合分析和应用图中信息。

较好地分析和应用地理信息图，要求教师提出相关的背景材料，同时也需要学生的课外知识做支撑。分析地理信息主要以问题的形式展开，从而培养学生运用所学知识解决实际问题的能力。

（2）读图法的环节

在地理教学中，引导学生有效地读图（识、用、记）需要有系统性的教学环节和步骤，以确保他们能够充分理解和运用地图信息。读图法在实施过程中，可分成思考、交流、巩固和信息反馈四个环节。

①思考

教师在读图法教学中应加强对学生读图方面的系列训练，贯彻由浅入深、由易到难的原则，首先要精心设计读图思考题，使学生带着问题读图、分析图，培养学生的自学能力。

②交流

交流是读图法教学中最主要的一环，它能够激发学生的思考和创造力，促使他们深入理解地图信息并将所学知识应用于实际情境中。在交流环节中，教师可以采取一些策略来引导学生有效地进行讨论和思考。

第一，通过引发问题悬念，鼓励学生积极思考。提出开放性问题，引导学生深入探究地图中的现象和关系，从而激发他们的兴趣和思考欲望。

第二，教师可以用启发性的方式引导学生，而非直接给出答案。通过逐步的引导，让学生自己发现问题的答案，培养他们的自主学习能力和思考能力。

第三，教师可以将课文重点融入交流中，帮助学生更好地理解地图信息，引导学生将地图上的要素与课本内容联系起来，从而加深对地理知识的理解。

第四，教师将较难的思考题分解成小问题，有助于降低学生的难度感，使他们逐步理解和解决问题。这种渐进的方式可以提高学生的学习积极性，让他们逐步克服困难。

第五，鼓励学生像小老师一样，边思考边指图边讲解问题，可以提升他们的表达能力和自信心。这也能够让学生在教学过程中发挥更大的作用，从而更好地理解和应用所学知识。

在整个交流环节中，教师应该保持积极的互动，鼓励学生提出问题、分享观点，创造一个积极的学习氛围。通过教师的引导和学生的参与，交流环节可以成为知识深化和思维发展的重要平台。

③巩固

巩固环节旨在帮助学生将前面学到的感性知识提升为更为理性的理解。通过整理和总结前面讨论的关键信息，引导学生运用地理概念、原理和理论对图中现象进行深入分析，进一步解释其背后的意义。同时，通过设计思考题和问题，促使学生思考更深层次的地理问题，使得他们能够将地图信息应用于实际情境中，从而加深对地理知识的理解和掌握。通过巩固环节，学生能够更有自信地运用所学知识，提升地理思维能力，为未来的学习和实际应用打下坚实基础。

④信息反馈

通过每堂课结束前的近五分钟填图练习，学生得以实时巩固所学地图知识，并发现存在的问题。这种实际操作不仅有助于加深记忆，也为学生提供了检验知识掌握程度的机会。此外，同学之间可以相互批改和更正，促使他们彼此交流、合作，并从他人的观点中获得新的启发。教师在这一环节扮演主导角色，及时对填图练习进行评价，强调正确的方法和要点。在读图法教学中，教师的主导作用同样不可或缺。在备课过程中，教师需精心挑选典型地图，确保内容与教学目标相符。在课堂上，教师要善于引导学生联系已知知识，将新概念与之相融合。正确的导读也是关键，其中包括识图、设问和总结。使用辅助图可以增强理解，但需注意不要过多分散学生注意力，从而实现教学效果。通过形成心理地图，学生能够将抽象知识转化为具象形象，使之更易于记忆和运用。

3. 评价

地图是地理学的第二语言，在地图中蕴含着丰富的地理信息。地理信息图是地理知识的载体，教会学生读图，学会用地理信息图去分析和阐述地理问题，有利于地理课堂知识点的落实、学生自学能力的培养、读图分析能力的提高。通过读图法教学，有利于学生加强对所学地理知识的理解和记忆，教学效果显著。

（六）自主学习法

1. 含义

对自主学习法的含义，学界有不同的观点。自主学习，又称自我调节学习，一般是指学习者自觉确定学习目标、选择学习方法、监控学习结果的过程。认真理解专家学者的观点，结合地理教育特点，这里对自主学习法的定义为：自主学习法是指学生在地理教师的指导下，制订学习目标，运用有效策略组织学习，对自己正在进行的地理学习活动进行主动、积极、自觉的实施、监控、评价、调整的过程。

2. 运用

自主学习是一个涉及多方面发展的过程，包括认知、行为、情感，以及与环境互动等多个层面。成功的自主学习不仅需要学生的积极主动和努力，还需要外部环境和文化的积极影响，以及相应的支持和保障。在自主学习的过程中，教师起到重要的引导和支持作用。首先，教师应协助学生制订符合其发展水平的目标或任务。学生需要逐步学会根据目标分析和评估，制订切实有效的实施计划。这可能需要涉及策略性知识和认知任务的处理能力。在实施计划过程中，学生需要保持对任务的敏感性和注意力，同时，情感调节也很重要。处理积极因素和消极因素（如坚持与懈怠，专注与干扰）对保持学习动机至关重要。自我监控和反思则可以帮助学生不断优化学习计划和策略。值得注意的是，自主学习并不是要削弱教师的作用，相反，教师面临更大的挑战。教师需要分析学习任务和材料，了解每个学生的发展特点和学习习惯，为不同学生提供适当的支持策略。这也意味着要在时机和程度上把握好支持的给予。此外，教师还应注重培养学生的非智力因素，如情感、意志、自制、兴趣、需要、动机、信念等。这些因素对于成功的自主学习同样至关重要。

在教学"气候资源"这一内容时，教师可以采用启发式教学的方法，通过提出一系列问题来引导学生自主学习和探讨。这种方法可以促使学生积极参与，深入思考，从而更好地理解和掌握知识。

首先，教师可以在导入新课时提出一些开放性问题，如"什么是气候资源""它与其他资源的区别是什么"等，以激发学生的兴趣和好奇心。这可以帮助学生思考气候资源的本质和特点。其次，通过提问"为什么说气候资源与农业的关系最为密切"等问题，教师可以引导学生思考气候资源与实际生产活动的关系，培养他们从多个角度分析问题的能力。对于一些相对较难的问题，如"在城市规划中如何利用气候资源减轻城市的污染""在交通工程建设中应注意哪些气候资源问题"等，教师可以进行重点指导，提供相关的背景知识和案例分析，帮助学生深入理解。最后，对于拓展性问题："气候资源还在哪些领域中被利用？请同学们举例说明。"教师可以鼓励学生进行深入思考，结合实际情况提供各种领域的例子，以培养学生的应用能力和创新思维。

在课堂中，教师可以逐一交给学生上述问题，并让学生自主回答。这样的交流过程能够激发学生的积极性，增强他们的参与感和自信心。对于前三个问题，学生可能较为容易回答，教师可以鼓励同学们相互分享，扩展彼此的思考。而对于较难的问题，教师可以根据学生的回答进行适当引导和补充解释，确保学生理解正确。

3. 评价

在这个快速变化的社会中，学习方式和知识获取的方式都发生了深刻的变化，这也在一定程度上要求学校教育进行相应的改革。特别是在地理教育的新课程改革下，培养学生的自主学习能力变得尤为重要。教师的角色也需要从传统的知识传授者转变为引导者和激发者，引导学生主动探索、深入思考和独立解决问题。

自主学习不仅仅是学生掌握知识的手段，更是一种终身的能力。它要求学生具备主动性、自律性和创造性，能够自己设定学习目标，选择适合自己的学习方法，掌握学习的节奏和方向。在这个过程中，教师的角色变成了引导者，他们需要为学生创造一个积极的学习环境，激发学生的兴趣和好奇心，培养学生的学习兴趣和主动性。地理教育中，可以采用启发式教学方法，通过提出问题、情境创设、讨论互动等方式，激发学生的思维和兴趣，引导他们主动进行学习。教师可以通过适当的引导，让学生从课文中自主挖掘知识，培养他们的分析和解决问题的能力。此外，教师还应关注学生的情感培养。学生的情感状态直接影响他们的学习效果和学习兴趣。教师可以通过积极的情感引导，培养学生的学习动机和情感态度，使他们能够在面对困难和挑战时保持积极的心态。

学生要想成为所谓的"自修者"，必须具备五个条件：学习过程的管理；知识或技能的获得；学习资源的获得，包括人力资源和能力资源；自我启发能力的应用；自我情绪的积极状态，并应用其来支持自己的学习。因此，采用自主学习法要达到较好的地理教学效果有较大的难度。

（七）合作学习法

1. 含义

合作学习是一种教育方法，其核心理念是在教学过程中，让学生通过与同伴合作、互相交流的方式共同解决问题、共同构建知识、分享经验，以达到更好的学习效果。合作学习强调学生之间的互动、合作和共享，鼓励学生在团队中共同努力，互相支持，共同实现学习目标。

合作学习的含义可以从以下几个方面来理解。

协作与共建知识：合作学习强调学生之间的协作，他们共同努力解决问题，分享想法，互相补充和纠正错误，从而共同构建知识。在团队中，学生可以从不同的角度出发，互相启发，提高理解和应用知识的能力。

互相促进和支持：合作学习通过互相促进和支持来激发学生的学习动力。学生可以相互解答疑惑、分享心得，减轻个体学习的孤立感，让学习变得更加有趣和积极。

学习社会交往技能：在合作学习中，学生需要相互沟通、协调和合作。这有助于培养学生的社会交往技能，提高沟通和合作的能力，为日后的职业和社会生活做好准备。

综合而言：合作学习法是一种结构化、系统化的教学方法，由若干名（最好2—6人）能力各异的学生组成一个学习小组，各司其职，以合作和互助的方式从事地理学习活动，达成共同学习目标，最大限度地促进每个学生的学习，提高小组整体成绩，获取小组奖励。

2. 运用

一般来说，小组合作学习的程序为：地理教师布置学习任务—学生独立思考—小组合作学习—全班统一交流。也就是说，对于新的地理教学内容，地理教师布置学习任务后，首先，学生需要进行独立思考，以初步掌握所学的知识，培养深刻的思维和独创性思考的能力；其次，他们会参与小组合作学习，与小组内的同学分享各自的独立思考过程和结果；再次，在小组交流之后，各个小组会将讨论的信息进行总结和归纳，然后派代表向全班进行汇报；最后，在地理教师的指导下，会进行总结和评价。在开展小组合作学习时，地理教师不仅是旁观者，更应该成为学生合作学习的引导者和推动者，有时甚至会作为共同学习的参与者。在启动合作学习之前，地理教师需要为学生提供必要的知识辅导和技能培训。在合作学习的过程中，地理教师应仔细观察各个合作小组成员的学习情况，及时发现问题，并采取适当的调控措施。

合作学习采用班级授课与小组活动相结合的教学方式，在这种情况下，应当兼顾教学的个体性与集体性特征，把个别化与人际互动有机地结合在一起。教师要认识到课堂讲授是以合作设计为基础的，讲授过程要力求简要清晰，时短而量大，高效低耗，有较强的研究性、探究性，能够为后续的小组活动留有足够的空间。

如针对我国的城市化问题，教学时可先向学生展示图片，把学生引入情境中，然后提出问题：假如你是市长，应如何解决城市化问题？教师要在学生充分自学的基础上，引导和组织学生进行讨论，让学生在有意义的交流、讨论中掌握知识。教师还要参与学生的讨论，收集信息，发现问题，及时引导。

教师必须提供给每一个学生和小组应有的充足的时间以便完成学习目标，否则学习效果便会受到影响。

3. 评价

（1）合作学习的功效

从合作学习的目标结构理论和发展理论来看，无论是从动机的角度还是从认知的角度来分析，合作学习方法作为一种教学方法都展现出其优越性。合作学习法可以培养学生的合作精神、与人交往的能力、创新精神、竞争意识、平等意识等。

（2）合作学习的局限性

①部分学生不适合合作学习

学生拥有多样性的个性和文化背景，合作学习并非适用于所有学生。某些人对合作学习持批判态度，认为内向的、胆小的、害怕被拒绝的学生并不适合小组学习。同时，个性对立的学生可能会引发小组内的冲突。

②部分学习任务不适合合作学习

一般来说，简单的知识技能任务不需要采用小组合作学习。有人认为，需要发挥集体智慧和力量、能够形成"认知冲突"的学习任务，如探索性的思考题（要求学生做出有价值的预测和发现）、拓展性的训练题（要求学生多角度思考，寻找多种解决方案）、比较性的分析题（要求学生比较和分析多种答案，选取最佳答案）、多步骤的操作题（设计较复杂，需要分工协作）等，适合采用合作学习方式。

此外，在进行合作学习时，如何分组，如何把握学习进度，如何进行奖励才会更加公平等，也是需要不断研究的课题。

（八）探究式教学法

1. 含义

探究式教学法是一种基于学生主动探究、发现和构建知识的教学方法。在这种教学法中，教师不再是知识的传授者，而是充当引导者和促进者的角色，通过激发学生的好奇心、培养问题意识，引导他们在探索问题、进行实验、讨论交流的过程中积极构建新知识和理解。探究式教学法能优化地理课堂结构，充分调动学生学习地理的主动性，使学生在掌握地理基础知识的同时，树立科学的态度，掌握科学的学习方法，增强思维的灵活性，发展创新精神和创新意识，并培养学生的创新能力，因此，这种教学方式已经被国内外普遍接受并积极提倡。重视学生的探究活动，不仅是地理课程而且是新一轮课程总体改革的重要理念。

2. 运用

探究式教学法的一般教学程序是：提出探究性问题、建立假设、制订研究方案、检验假设、做出结论、表达与交流等。在这些教学程序中，教师特别要做好下列几个方面。

（1）转变观念

融入新的教育理念，使个人的教育思想随着时代的进展和教育实践的演进而不断进步，是将探究式教学引入中学地理课堂的关键所在。地理教师需要积极推动自身观念的变革，并将新的理念融入实际行动中。学习多个学科的知识，更新知识架构，提升综合素养，尤其是培养科研和指导学生探究式学习的专业能力，都是必要之举。同时，地理教师应重新界定自身角色，不仅仅满足于传授地理知识，更要成为激励学生学习地理的研究者、引导者、合作伙伴。

（2）创造融洽的课堂气氛

任何形式的强压、限制或单方面决定都可能扼杀学生的探究意愿和创造性的萌芽。为了适应学生学习方式的演变，教师在引导学生进行探究式学习时，应不断吸纳新知识、更新自身的知识体系，提升个人的综合素质，同时构建一种新型的师生关系，即民主化的师生互动。

（3）创设问题情境

实践证明，教师所设计的问题情境应具备明确的目标、适度的挑战和独特的创新。目标性要求问题能够对应特定的教学目标，将问题作为引导方向和目标价值的体现；适度的挑战要求问题的难易度能够适应整个班级学生的水平，确保大多数学生在课堂上都能积极参与思考；独特的创新则意味着问题的设计和表达应具有独特性、新颖性和引导性，以吸引学生的兴趣和积极性。教师提出一个对学生有挑战性和吸引力的，能揭示形式矛盾，源于教材而又高于教材，具有探究性的问题，这需要有非常高的素养，也是探究能力的重要体现。

在探究式课堂教学中，教师还要对学生引导得当，激发起学生的思维火花，使学生提出一个又一个高水平的问题来。在推崇自主探究学习，启动新一轮课改的今天，作为教师，首先要树立现代教育的新思维，不是教学生"没问题"，而是教学生"有问题"，让学生从问题中来，到问题中去。由于在问题的探索过程中，学生会持续比较、联系、筛选和扩展知识。毫无疑问，正是问题的存在为探究式教学提供了持久的动力。

（4）引导学生建立假设

假设是探究式教学法的核心。在全部学生或大部分学生提出形成共识即认可预期的问题后，教师就要引导学生将已有的经验和知识与问题联系起来，根据已有的知识经验或者收集相关信息，将已有的地理知识与问题相联系，考虑应以什么为中心展开探究。通过思考，提出对解答问题的猜测和假设。鼓励学生提出尽可能多的、能够解决思想中暴露出来的不一致或不足之处的假设。

在实际操作中，要鼓励学生不拘泥于课本，充分发挥想象力，大胆猜测，提出自己独到的见解，注重培养学生的发散思维。对学生提出的各种猜想，应进行适当的评述。这就要求地理教师具备广博的知识和随机应变的能力。

（5）优化探究可能性

探究式教学要求教师处理好探究效率与探究积极性的关系。为此，教师应注意：使伴随探究的危险减少到最低的限度；使学生吸取探究失败的教训；消除各种不良的影响，维持学生的好奇心和探究欲。

因此，探究式教学对教师的要求更高了。开展探究式教学必须坚持教师的主导作用，充分发挥教师的能动性和创造性。

（6）创造良好的探究环境

充足的时间用于探究、灵活的学习环境、丰富的教材资源都对于推进探究式学习至关重要。探究式学习的环境包括实际的设施和资源。前者涵盖了所需的设备、工具、实验经费，以及特别设计的教材和适宜的活动场所。无论是观察、测量、调查，还是实验、交流、提出假设，都依赖于相应的设施和资源，否则，探究式学习将难以顺利进行。而后者则指学校管理层、家长、社会各界对于探究式学习的支持。尤其是学校管理层的理解和支持，将为探究式学习提供重要保障。他们不仅能够提供必要的资源，还能在政策层面予以支持。学校管理层对于探究式学习的认知和支持，将直接影响这种教学模式的有效实施。

3. 评价

尽管探究式教学法带来了诸多优势，然而在地理教学领域，其适用范围是有限的，且并非所有地理课程都适合采用这种方法。实际上，学生的学习过程只有在特定条件下才能真正变为探究的过程。在地理教学中，采用探究式教学法需要满足一系列条件，因为目前地理教学仍存在许多制约因素，限制了其优势的充分发挥。那么，探究式教学应具备什么样的条件呢？根据对探究活动机制的考察及探究教学经验的分析，我们认为开展探究式教学必须具备以下几个条件。

（1）具有一定难度的学习材料

所谓具有一定难度的学习材料，是指学生现有的认知结构和认知方式无法直接同化吸收的学习材料。

地理知识是人类在适应、认识和改造地理环境的长期实践中积累起来的经验和认识。中学生在学习地理时，会接触到地理科学中最基础的部分，被称为地理基础知识。从现代认知心理学的角度来看，这种知识可以分为三类：陈述性知识、程序性知识和策略性知识。从获取新知识的角度来看，并不是所有的学科知识和技能都适合或者都需要采用探究的学习方式来获取。在地理教学中，为了组织学生有效地参与探究式教学活动，需要综合考虑多个因素。有些地理知识内容可能通过探究方式学习效率较低，学习效果也不一定会很好。因此，明晰哪些类型的地理教学内容适合采用探究式学习方式进行学习，变得十分重要。

①适宜探究式学习的地理内容

要注意选准适合探究式学习的内容，并不是越多越好，并要注意，探究式学习的内容要与课程标准和教材内容有直接的联系。适宜探究式教学的地理内容主要是地理程序性知识和地理策略性知识。

地理程序性知识在地理教学中具有显著地位，它涵盖了"它意味着什么"和"它为什么这样"的地理原理性知识。这种知识类别包含了地理概念、地理特征、地理规律及地理成因等要素。相较之下，地理策略性知识则强调"怎么样学"的技能和方法。它与学生的地理技能紧密相关，具备实际操作性。地理技能是学习过程中不可或缺的普遍地理认知能力，但与特定地理问题解决的程序性知识相区别。程序性知识关注于"学会"如何解决问题，而策略性知识指向于"会学"如何有效学习。

将地理策略性知识融入教学中，是引导学生解决"学会学习"的关键途径。它包括地理感知能力、地理信息能力、地图运用能力、地理阅读能力、地理实践能力和地理思维能力等多个方面。地理信息能力还包括对地理信息的搜集、整理、筛选、评估、应用、传播等环节的技能，这其中蕴含丰富的信息知识和信息素养。地理思维能力则包括归纳、抽象、推理、联想、分析、综合等多种思维技能，涵盖了与思维科学相关的广泛知识领域。

以上两类知识是学生培养地理技能、掌握学习方法、学会学习的关键，是中学地理学科中具有一定难度的教材内容，采用探究式教学可以收到显著的教学效果。在面对具有一定难度的学习材料时，学生需要根据学习目标和知识的特性，操作知识，同时调整、改变和重构自己的认知结构和认知方式。这有助于在知识和认知结构之间建立内在联系，将外部知识真正融入已有的认知框架中。学生在调整和变革认知结构和方式的过程中，实际上在构建新的认知模式。

难度较高的学习内容单靠教师讲解难以完全掌握，需要通过学生的参与、探索或实践来逐步体验和内化，如"月相变化的规律"就属于此类知识。这种知识是隐性的、个人化的，必须通过学生观察记录以亲身经验获得。

这种通过实践获得的地理知识更容易理解、记忆，并更易于应用于实际情境。因此，这类地理知识需要学生积极探索、深入研究，更适合采用探究式学习的方法。在这种学习方式下，学生能够更深入地理解并将知识应用于实际问题中。

在地理教学中，适宜采用探究式学习的地理课程内容主要包括以下几方面。

确定与评价空间位置的内容：这包括分析空间关系、读图获取信息、提出和验证假设等，需要学生积极参与，适合探究式学习。

揭示空间有序性的内容：通过观察、辨识、比较、归纳地理事物的空间有序性，培养学生地理科学方法，建立地理观点，是探究式学习的重要领域。

揭示地理因果关系的内容：探讨地理现象、分布、特征的原因，通过严密推理进行分析与阐述，培养学生提出问题、假设和猜想的能力，适合探究式学习。

分析地理过程规律的内容：研究地理过程的变化和预测，培养分析归纳地理规律的方法，提出假设并验证结论，是探究式学习的重要领域。

解释地理要素的空间效应的内容：研究地理要素间的相互影响，关注地理环境与人的相互作用，是探究式学习的重要领域。

探索地理名称的来源、意义及其相互间关系的内容：通过研究地理名称的来源和意义，培养学生的兴趣，引导提出问题并展开探究，尽管效率较低，但仍适合探究式学习。

这些领域的划分是为了更好地描述适合探究式学习的内容，实际上它们之间存在交叉与互补。在地理教学中，充分考虑学生的参与、提问和探究价值，选择合适的探究式学习方法，有助于更深入地理解知识并将其应用于实际情境。

②不适宜探究式学习的地理内容

地理陈述性知识是回答"它在哪里""它是什么样的"的知识。地理陈述性知识主要包括地理术语、地理名称、地理分布、地理景观、地理数据等地理事实性知识。这部分知识对学生的能力要求一般以记忆为主，通过听讲或阅读就可以被学生掌握或记忆，用探究的方式效率太低，效果不一定很好，因此，不适合也不需要学生去探究或发现，如"我国的疆域面积"。

探究式教学法更注重地理知识的形成过程，难以使学生获得比较系统的地理学科基础知识，课堂上教师往往要使学生在相对短的时间内掌握较多的知识，而探究式教学法受计划性差、过程较长、耗时较多的限制，并不能适应所有地理知识的学习。如学生对"天气的概念"有大量的感性经验时，讲述法可能是一种更恰当的选择。

（2）主体性充分发挥的学生

具体来说，所谓学生的主体性，是指：学生自己要有明确的学习目的；学生真正成为学习的主人；学生要掌握基本的学习策略和学习方法。

学生在进行探究式教学时需要有一定的知识基础作为支持。实际上，知识内容与探究过程、科学知识与科学探究是紧密相连的：掌握基础知识是培养探究能力的前提，而一定的探究能力又是深化知识理解的条件。因此，在探究式教学中，基本概念的存在至关重要，它为整个探究过程提供了支撑。

相对于传统的讲授法，探究式教学更加注重学生的主体地位，强调小组合作，注重学生的整体参与。探究性讨论通常采用小组形式，要求每位学生都积极参与，充分表达自己的观点，倡导集思广益。这种方式不是让学生重复教材、教师或他人的观点，而是鼓励他们独立思考。在探究性讨论中，学生不需要过于担心自己的见解是否正确或适当，教师不主导讨论，也不是少数几个学生占主导地位，而是要求所有学生平等地参与。在讨论过程中，学生需要考虑并尊重他人的观点和感受，学会从分歧中体现尊重。因此，探究式教学法更适合于小班授课和开展小组讨论。当前的班级规模难以让每个学生都全程参与到同一教学内容的完整探究中。这种教学方式强调学生的主动参与和合作，有助于培养学生的独立思考能力、团队协作能力和尊重他人观点的态度。

（3）综合素质较高的老师

具有综合素质的老师在教学中是至关重要的。探究不仅是地理学习的一个重要目标，也是地理学习的重要方法之一。然而，探究式学习并非唯一的学习模式，它是多种学习活动中的一种。强调探究式学习的意义并不意味着排斥其他学习方式。接受性学习并不等同于注入式教学、死记硬背或机械性训练等。我们不能因为强调探究式学习就将其他教学方法一概摒弃。

事实上，教学应当根据学习内容和学生水平的差异进行合理选择。单纯追求完整的科学探究活动，如果忽视了内容和学生的实际情况，可能导致地理教学呈现出与传统教学相似的问题，如呆板、形式化、机械和肤浅。过于极端的探究式教学也可能引发学生的逆反心理。因此，在教学中应该避免将探究式学习与其他教学方式对立起来，而是要在不同情境下相互配合、灵活运用，以达到更好的教学效果。

在教学实践中，需要注意避免对探究式学习的"泛化"和"神化"。不同的教学方法都有其适用的范围和条件。探究式学习虽然有其价值，但也不是适用于所有情况。教师应根据教学目标、学生特点和学科特点，合理选择并组合不同的教学策略，确保教学方法的多样性和灵活性，从而更好地满足学生的学习需求。

第二节　高中地理教学方法的优选与组合

一、高中地理教学方法组合

苏联的一位教育家指出，教学的成败在很大程度上取决于教师是否能妥善地选择教学方法。选择地理教学方法主要有六个方面的依据。

（1）依据地理教学方法自身的特性

要科学地选择地理教学方法，首先应了解每种地理教学方法的特点、运用条件、适用范围、优势、局限性等。正确认识各种地理教学方法自身的特性，是选择地理教学方法的前提条件。

（2）依据地理教学目标

地理教学目标是地理教学目的、任务的具体化，对地理教学方法的选择起着直接的指导作用。由于各章节、各课时教学目标不同，选择和设计教学方法就须相应作不同的考虑。例如，若某节课的教学目标以训练地理绘图技能为主，则应选用讲解、演示方法说明基本要求，再选用练习法、实践操作法；若某节课的教学目标包括科学的地理观教育，则教学方法可选用讲解法、案例法、讨论法等。

（3）依据地理教学内容

教学内容的性质、特点决定了应当采用何种地理教学方法。

（4）依据学情

教学的目的是促进学生的全面发展，选择教学方法就必须与学生的身心特征、知识水平、能力基础、生活经历等相适应。

（5）依据地理教师自身的特点

每个地理教师均有自己的长处和不足，在教学时，应该选择有利于扬长补短的教学方法。如若教师"三板：板书、板图、板画"功底扎实，在教学我国优越的地理位置时，则可直接在黑板上一边画出世界轮廓图一边引导学生思考，否则，就最好用挂图或幻灯片进行教学。

（6）依据地理教学环境

学校的教学设备条件与周边教学环境是选择地理教学方法的物质基础。教师应对学校教学设备条件和周边教学环境充分了解，在此基础上，教学方法才能做到因校制宜，切实可行。有条件的学校可以建设地理专用室、地理园和多功能的教学平台等。

无论是传统的或现代的各种地理教学方法都有其特定的功能和局限性，有优点也有不足，"教学有法"但"教无定法"，地理教师应当根据教学方法自身特性、教学目标、教学内容、学生特点、教师自身特点、教学环境等优选地理教学方法。各种地理教学方法之间应该彼此取长补短，进行组合，互相促进，不可偏废。可进行传统教学方法与现代教学方法的组合、直观教学方法与逻辑思维教学方法的组合、引进教学方法与本土教学方法的组合等。但教学方法的组合要遵循主导性原则，即在一节课中，教师所选择的几种地理教学方法不能均衡使用，而要在其中确定一至三种地理教学方法作为这节课的主导方法，而将其他地理教学方法作为辅助和补充，为主导方法服务，要主次分明。

地理教学目标需要通过科学合理的地理教学方法才能实现。教学的成败很大程度上取决于教师是否能合理地选择教学方法。但是教学方法本身并不是一种实现教学目标的现实力量，而仅仅是潜在的力量。

二、高中地理实践活动教学

（一）地理实践活动的含义

高中学生的地理核心素养囊括了人地协调、综合思维、区域认知、地理实践力这四个关键维度。地理实践力是指学生在户外考察、社会调查、模拟实验等地理实际活动中所具备的行动能力和素质。地理实践活动是培养学生地理实践力的主要方式。地理实践活动是指学生在教师指导下，运用地理学科知识、技能，顺利解决地理问题的实践过程，属于地理学科教学的范畴。它具有两个基本特点：一是学生有直接体验，二是学生有操作行为。地理实践教学的内容分为以下两个方面。

地理课堂内的实验活动：在地理课堂内，进行地理科学实验活动。举例来说，可以通过向装有热水的玻璃杯中加入冰块，模拟降水的形成原理。这种方式通常是由教师在课堂上进行演示，或者让学生分成小组进行实验。

地理课堂外的实践活动：在课堂外，进行各种地理实践活动。这些活动包括地理信息的收集、地理调查、地理观测、地理参观、地理旅游、野外实习、论文撰写等。这些实践活动能够让学生在真实的地理环境中应用所学知识，加深对地理现象和问题的理解。

地理实践教学的两个方面相互补充，通过实验和实践，学生能够更好地理解地理知识，培养地理思维能力，并将理论知识应用于实际情境中。

（二）地理实践活动的意义

地理实践活动是理论联系实际和学生学习生活中的地理的真正体现，是促进学生探究能力提高和人文素养发展的重要途径。

1. 落实地理新课改确立的新理念

地理课程改革所引入的新理念对教育教学体系产生了深远的影响。其中，强调地理知识与学生生活的紧密联系、关注个性化学习、构建开放式课程体系等，都体现了对教育目标、方法和内容的全新思考。而在这些新理念中，地理实践活动被认为是贯彻这些理念的重要途径之一。

地理实践活动的核心在于将学生置于真实的环境中，让他们亲身参与、亲自体验地理现象和问题。通过实践，学生能够将课堂所学的地理知识与实际应用相结合，加深对地理现象的理解。这种经验性的学习方法能够培养学生的实际应用能力，使他们能够更好地理解并解决实际生活中的地理问题。而且，实践活动能够激发学生的兴趣，提高他们的学习积极性和主动性，促使他们自觉地探究、发现问题。

在新课程理念的指导下，地理实践活动不仅仅是在课堂上进行的简单实验，更包括了课堂外的各种活动，如地理信息的搜集、社会调查、地理观测、地理参观、地理旅游、野外实习、论文撰写等。这些活动涵盖了地理学科的各个方面，从而为学生提供了多样化的学习体验。通过地理实践活动，学生能够亲身感受地理知识在实际生活中的应用，加深对地理的兴趣，培养解决实际问题的能力，并从中体验到地理学科的乐趣。

地理实践活动的开展，需要教师具备相应的指导和组织能力。教师应该能够将抽象的地理理论与具体的实践相结合，引导学生深入思考和探究。在课堂内，教师可以通过各种实验和模拟活动，帮助学生理解地理原理和现象。在课堂外，教师可以引导学生进行地理信息的收集和调查，培养他们的实际操作能力。此外，教师还可以鼓励学生参与社会调查，深入社会实践，将地理知识与社会问题相结合，增强学生的社会责任感。

2. 高中地理新课程的设定旨在使学生在地理学科领域内获得全面而深刻的认识和能力，以应对现代社会的挑战

这些目标的落实不仅仅是理论层面上的，更需要在实际教学中得以具体体现和实践。课程目标的客观要求涉及知识、技能、过程、方法、情感态度和价值观等多个层面，这些要求需要通过地理实践活动来得以有效实现。

首先，在知识与技能层面，学生需要掌握地理基本知识和原理。通过地理实践活动，学生能够在实际操作中将抽象的地理理论转化为具体的认知。例如，通过地理观测、实验和调查，他们可以更直观地理解地理现象和规律，从而达到初步掌握地理基本知识和技能的目标。

其次，过程与方法的层面要求学生具备独立思考和解决问题的能力。地理实践活动培养了学生的观察力、分析力和判断力，使他们能够从复杂的现实环境中提炼出地理问题，并通过实际调查和研究来寻求解决方案。这样的活动有助于培养学生的创新思维和合作精神，使他们能够灵活运用地理知识和方法解决实际问题。

最后，情感态度与价值观层面则需要学生培养正确的价值观和情感态度。地理实践活动能够让学生亲身体验到环境问题的紧迫性和资源的珍贵性，从而引发他们对环境保护和可持续发展的关注。通过社会实践、地理观察和参观等活动，学生能够培养热爱祖国、热爱家乡的情感，增强对资源和环境的保护意识，形成可持续发展的价值观念。

在新课程理念的指导下，地理教师应当在教学过程中精心设计地理实践活动，使其成为达成课程目标的有效途径。这不仅需要教师具备丰富的地理知识和教学经验，更需要他们关注学生的个体差异，根据学生的兴趣和实际情况进行差异化指导。通过地理实践活动，学生能够更好地理解和体验地理知识的实际应用，培养解决实际问题的能力和创新思维，形成积极的情感态度和价值观念。因此，地理实践活动在地理新课程目标的客观要求落实中具有不可或缺的重要作用。

3. 地理学科自身特点的内在需要

地理学科有其独特的综合性、地域性和实用性特点。这些特点要求我们在地理教学中采取相应的方法来满足学生的学习需求。地理实践教学是落实这些特点的有效途径。通过实际操作和亲身体验，学生可以更深入地理解地理知识，将抽象的理论与实际情境结合，培养综合思维能力，增强实际应用能力，同时也能激发学生对地理问题的兴趣，提高学习积极性。地理实践教学不仅是地理知识的应用，更是一种培养学生综合素质和实践能力的方式，有助于使学生更好地理解和运用所学知识，适应现代社会的需求。

4. 促进学生发展的重要途径

积极设计和组织地理实践教学活动可以有效促进学生的全面发展。通过实践活动，学生能够亲身参与、实际操作，激发学习兴趣和积极性。此外，实际应用地理知识解决问题的经验培养了学生的实际应用能力，而综合性的操作则提升了他们的综合素质。实践还能培养创新思维、团队合作、社会参与意识等关键能力，使学生更好地理解地理知识并将其运用于实际生活中。

5. 促进教师自身专业素养的提高

教师应保持积极的学习态度，毫不犹豫地踏出迈向地理实践的第一步。这样的勇气和决心将直接影响到学生在活动策划和组织方面的能力。随着不断地尝试和实践，教师的组织能力将逐渐提升，从而有效地促进了他们自身专业素养的提高。事实的确证明，每一次地理实践活动的开展都在很大程度上提升了地理教师的活动组织能力和教研科研能力。这是因为实践活动要求教师在设计、准备、组织和分析过程中全面动用他们的知识和技能。通过与同行合作、思考问题、解决挑战，教师逐渐培养了解决实际问题的能力，同时也积累了丰富的教育实践经验。

因此，地理实践活动不仅仅是为学生提供丰富学习体验的途径，也是教师自身专业发展的机会。每一次活动都是一个宝贵的机会，可以推动教师在组织、教研和科研等方面的能力取得显著提升。通过持续地投入地理实践，教师将不断地提升自己的专业素养，为地理教育的持续发展做出更为积极的贡献。

（三）地理实践活动的组织与实施

1. 地理实践活动学期计划制订

（1）活动目标

活动目标即该项活动应完成的地理教育目标，其中最重要的是活动主题的确定。活动主题可以是某一地理现象或规律的验证，也可以是待研究的开放性问题。主题应力求具体、生动。教师可指导学生准备、获取辅助学生完成活动目标的活动材料，即实验考察对象的现状、进展、问题及可借鉴的经验等背景知识。

教师应注意，在背景知识中应该避免给学生提供结论性知识，而是给他们提供相关材料，让他们自己通过分析思考，解决问题。教师只是给他们创造情境条件，训练、培养他们的思维能力和动手能力。

鉴于中学生年龄较小，能力较差，实践活动不宜要求过高、难度过大，活动方式以参观、观察、采集或简单调查研究为宜。

（2）实施过程

实施过程就是让学生动手操作的过程，这是实践活动的核心部分。让学生在实践中获得对地理事物认识和操作的直接体验。操作的方式可以是实验、观测、考察调查、文艺创作、游戏表演、交流探讨等。

（3）总结评价

总结评价开展的形式多样，如召开班级、年级大会，办展览或宣传栏等。总结评价是对整个活动过程和效果的评价，其目的是检查、总结地理实践教学活动的成效、收获，有助于师生了解活动的得与失，总结经验教训，提高地理实践能力。同时也可向领导、同行乃至学生家长进行汇报，为今后开展实践活动创造条件。

2. 地理实践活动的开展

在每次准备开展地理实践活动之前，指导教师都应该制订详细的活动任务，明确活动的目的和要求。这有助于为学生提供清晰的方向，使他们在实践中能够明确自己的任务和期望结果。此外，教师还应该提供合适的实践方法，指导学生如何有效地开展活动，以确保实践过程能够达到预期的教学效果。为了确保活动的顺利进行，教师还需要做好充分的准备工作。这包括准备所需的材料、物品和工具，确保学生能够在活动中顺利地使用这些资源。同时，教师也需要预先考虑可能出现的问题，并准备相应的解决方案，以便在活动中能够及时地应对各种情况。每次地理实践活动结束后，教师应该及时进行总结。这个过程可以帮助教师和学生一起回顾活动的整个过程，分析活动中的成功和失败因素。通过这种反思，教师可以更好地了解活动的效果，从而为今后的实践活动做出改进和调整。同时，这也为学生提供了一个思考和学习的机会，让他们能够从实践中汲取经验教训，不断提升自己的实践能力和学习效果。

（1）合理分组

可将学生根据学习成绩、性别、性格等因素进行分组，每组4人。尽量使每个组处于同一水平，利于小组之间开展竞赛活动。

小组成员要进行分工协作。每个小组内设立组长、副组长各1人，确定每个成员的职责，明确每个成员的任务。

（2）精心策划

在推动地理实践教学时，教师需要精心策划分组实践活动的形式、内容、时间等方面。这涉及选择适当的实践方式，确保内容具有挑战性和启发性，同时合理安排时间。教师还应准备必要的工具、材料和设备，以确保活动的顺利开展。布置小组合作实践任务也是关键，教师需要明确任务和目标，引导学生分工合作并提前培训必要的知识和技能。这些精心的准备能够确保实践活动有效进行，使学生获得更丰富的地理体验和知识。

地理教师要创新地理实践活动形式，要充分认识到地理实践活动的形式是丰富多样的，可以根据自己学校及所在地区环境条件和可能提供的条件，实事求是、创造性地开展地理实践活动。具体有以下措施：

①在校园中开展地理实践活动

充分利用学生已有的地理知识，使其在实际环境中应用和体验地理概念和技能。以学校规划为主题的地理实践活动可以是一个极具启发性的示范。教师可以引导学生运用地图知识、测量技能及地理定位等，设计学校校园内部的布局、道路规划、建筑分布等。通过这种活动，学生不仅能够将抽象的地理知识转化为实际操作，还能够理解地理对于日常生活的实际应用价值。

通过开展以学校规划为主题的地理实践活动，地理课堂能够更加开放和生动。学生们可以在实际的校园环境中，感受到地理的魅力和应用。同时，这也为学生创造了一个拓宽学习空间的机会，让他们在实际操作中更深入地理解地理概念和原理。此外，这样的实践活动还能够培养学生热爱学校和保护环境的责任感，使他们意识到地理知识可以直接影响到校园环境的规划和未来发展。

在地理实践活动中，学生可以在团队合作中共同解决问题，增强合作精神和团队协作能力。他们可以运用自己的创造力和想象力，为学校规划提出建设性的意见和建议，从而培养其地理思维和创新能力。

因此，利用校园环境，开展地理实践活动是一种既具有启发性又具有实际应用价值的方法。通过这样的实践，学生能够更深入地理解地理概念，培养实际应用地理知识的能力，同时也激发他们对地理学科的兴趣和热情。

②开展野外（校外）考察和社会调查

鼓励学生走进大自然、进入社会，亲身体验地理知识产生的过程。

③充分利用多媒体网络信息开展地理课外实践活动

如在学习"地形"这一内容时，可以通过网络认识地球上五种地形类型并分析其成因。

3. 实施

实施阶段就是让学生动手操作的过程，在实践活动构建中，这是核心部分。学生通过小组合作，在具体操作的实践活动中获得对地理事物的认识和直接的操作体验，发展创造力。操作的方式可以是实验、观测、考察调查等。

4. 恰当利用竞争机制

将竞争机制与小组合作实践活动结合起来，如进行水循环实验时，看看哪一组实验现象最明显，最先出现"降水"现象等。由于以小组为单位，参与面更广，获胜人数会更多，即使成绩较差的学生也会有获奖的机会，因此，这种竞赛能够在小组内形成一股凝聚力、向心力，使小组成员齐心协力为小组荣誉而努力，从而更好地提高学生的团结协作精神，培养学生的集体主义意识，使每一个学生在主动参与中学会合作，在成功体验中享受学习。

（四）地理实践活动的时间安排

校外的地理实践活动可充分利用各种假期时间，特别是寒暑假期间布置地理实践作业，如"家乡自然灾害调查研究""家乡工业发展现状及发展研究"等，让学生根据自己的兴趣和实际情况选择完成。在每学期开学初，对学生的寒暑假地理实践作业进行评比，可以有效地激发学生自主探究的兴趣，培养他们自发地展开研究的习惯。这样的评比活动不仅可以提高学生的动手能力和探究精神，还有助于培养他们的创新意识，让他们从中真正体验到地理学习的乐趣。通过评比活动，学生将在实际实践中学以致用，将地理知识与实际问题相结合，进一步加深对地理概念的理解和应用。同时，这种竞赛性质的评比也能激发学生之间的竞争意识，促使他们更加努力地探究和创新，从而提高整体学习水平。此外，评比活动还有助于建立学生与教师之间的互动和沟通，学生可以从教师的反馈中了解自己作业的优点和不足，有助于他们更好地认识自己的学习状态。同时，学生也能从其他同学的优秀作业中获得灵感和启发，进一步促使他们更深入地探索地理领域。

校内的地理实践活动可以灵活地安排在课堂内进行，也可以充分利用学生的课外活动时间展开。这样的实践活动不仅可以丰富学生的地理学习经验，还能促使他们更加深入地了解和应用所学知识。一方面，在课堂内进行地理实践活动，可以将抽象的地理概念和理论与实际情境相结合，通过模拟、案例分析等方式让学生身临其境地感受地理现象和问题。例如，通过地图、图表等工具进行空间分析，或是利用虚拟现实技术创设真实情境，都可以在课堂上进行，有助于加深学生的理解和应用能力。另一方面，利用学生的课外活动时间进行地理实践活动也是一个有效的方式，这可以是组织地理考察、户外实地调查、参观考察等形式。学生在实际场景中探索、观察、体验，能够更加深刻地理解地理现象和背后的原因。同时，这也培养了学生的实地调研能力和实践操作能力。

第四章
高中地理课堂教学

第一节　高中地理课堂教学概述、理念与本质

一、地理课堂教学概述

（一）地理课堂教学的含义

教学组织形式是指为达成教学目标，教师和学生按特定结构进行教学活动的方式。这些形式根据学科特点、教育理念和学生需求演变，如个别教学、班级授课、道尔顿制、分组教学等。现代教育强调学生主动性和综合素养，采用项目化学习、协作学习等形式，培养学生问题解决和创新能力。因此，教学组织形式应随着时代和教育理念变化而灵活调整，以促进学生全面发展。

班级授课制又称课堂教学，是我国目前学校教学的基本组织形式，也是国际上最通用的教学组织形式。地理课堂教学的组织形式就属于班级授课制。因此，这里把地理课堂教学定义为：地理教师面对由年龄和知识程度相同或相近的学生编成的固定人数的班级集体，在课堂这一特定情境中，按照地理课程标准的要求，组织地理教材和选择适当的地理教学方法，并根据固定的时间表，向全班学生进行授课的教学组织形式。

实现和谐高效的地理课堂教学是地理教师的追求。高效地理课堂是针对课堂教学的低效性或无效性而言的。高效地理课堂教学是指在地理课堂教学中，通过地理教师的引导和学生积极主动的学习，在一定时间（一般指一堂课）内，使学生的地理素养得到最大程度的提高和发展，全面完成教育教学任务。

（二）地理课堂教学的类型

地理课堂教学的类型即指地理课堂教学的分类。课型的选择要综合考虑

本节课的教学目标、学生实际情况和教学条件等多种因素，课的类型是根据每节课所要完成的教学任务确定的。有的地理课教学任务比较单一，称为单一课，如绪言课、新授课、练习课、复习课、讲评课、实验课、检查课、活动课、鉴赏课等；有的在一节课内要完成几项教学任务，如复习旧知、讲授新知、巩固练习等，称为综合课。

（三）地理课堂教学的功能

课堂教学是地理教学的主渠道。目前，我国中学地理教学的形式由课堂教学、课外教学和课外活动等多种形式组成，其中课堂教学是最基本、最主要的形式，是整个地理教学的中心环节。地理课堂教学的功能主要表现在以下几个方面。

1. 保证较大的教学容量

通过地理课堂教学，一位教师能在有限的时间内，向许多学生传授大量的系统的地理知识，教学容量之大，传授知识的密度之高，是其他任何教学组织形式所难以比拟的,尤其是在基础教育阶段,学生的地理知识还比较缺乏，而在地理学科内容丰富且教学课时相对偏少的情况下，课堂教学形式的效果尤其明显。

2. 有利于加强教学管理

地理课堂教学以固定的班级和统一的时间单位进行，按照国家统一的地理课程标准要求，实行统一的教学计划，采用统一的教材，有利于学校安排地理课程教学,加强教学管理,保证地理教学活动有序地进行。教学同时以"课"为教学活动单元，能保证学生循序渐进地开展地理学习活动。

3. 充分发挥教师的主导作用

各国的教学实践都反复证明，迄今为止，最能充分发挥教师在教学中的主导作用的仍是班级授课制这种教学组织形式。班级授课制通过发挥教师的主导作用，不仅能够有效地使学生掌握系统的科学知识与技能，而且能够通过因材施教、个别指导和学生的独立作业，弥补教师难以照顾学生个别差异的缺陷。

4. 能促使学生的社会化与个性化发展

班级上课使一个班的学生可以进行师生、生生之间的多向交流。学生长期在一起学习、交往、生活，形成了互爱、互尊、互助、民主平等、和谐亲密的人际关系，生活丰富多彩，每个学生都可以在其中发挥自己的积极性与创造性，成为学习与交往的主体，因而有力地促进学生的社会化，并能使学生各自的个性与特长得到最充分的历练与发展。

任何事物都有其两面性，地理课堂教学也不例外，其局限性主要表现在：过于注重集体化、社会化、同步化、标准化，长于向学生集体教学，而难以照顾学生的个别差异和对学生进行个别指导，学生学习的主动性和独立性受到一定程度的限制，其探索性、创造性不易发挥。同时，也不利于充分发展学生的潜能，培养学生的特长。

二、地理课堂教学理念

教育理念是人们对教育的理性认识，它面向教育实践，表达教育理想。地理教师在地理课堂教学活动中要深入贯彻地理新课程教育理念。

（一）地理教师应全面贯彻党的教育方针

在有阶级的社会中，教育具有阶级性特点，总是为一定的阶级服务的。《中华人民共和国教育法》规定了我国的教育方针：教育必须为社会主义现代化建设服务、为人民服务，必须与生产劳动和社会实践相结合，培养德、智、体、美、劳等方面全面发展的社会主义建设者和接班人。

作为地理教师，应该透彻理解我国的教育方针，全面贯彻党的教育方针，追求高效的地理课堂教学。力求通过教师的教学引导和学生主动学习，使课堂教学的生命潜力得到开发，高效率、高质量地完成地理教学目标和教学任务，使学生获得较高的学习效率；力求在地理教育实践中，将中学生塑造成"求真""向善""崇美"的创造性人才，注重对中学生的终极关怀，提升中学生的人生境界，铸造中学生完整且和谐的人格。

（二）地理教师应建立"互动式"教学理念

互动式教学理念是一种革新课堂教学方式的思想，它旨在改变传统教学中教师主导的格局，创造一个平等、合作和积极的教学环境，使师生在各个层面的互动中共同成长。这种理念强调平等和相互尊重，是教学关系中权威角色的转变。互动式教学理念的进步在于它促使教学从单向的知识传授变为双向的交流互动；推动了师生间不对等的沟通变为平等的交流；使教学从静态的内容呈现转变为动态的互动过程；鼓励学生从被动的知识接受者转变为积极的参与者；引导学生从简单的接受到更多的创新和创造；更为重要的是，它将学生教育从单一的知识传递拓展为综合素质的培养。

这种理念的实施鼓励学生提问、思考、互动，培养他们的批判性思维、沟通能力和团队合作精神。通过师生互动，知识变得更加生动有趣，学习过程也更富有乐趣和深度。因此，互动式教学理念对于推动教育向更加开放、多元、综合的方向发展具有积极的意义。

（三）地理教师应激发学生学习的内动力

孔子曰："知之者不如好之者，好之者不如乐之者。"学生只有对地理知识感兴趣，才会想学、爱学、乐学。教师的真正本领，在于其是否能够激发学生的学习内动力，唤起学生的求知欲望，让他们积极地参与到地理教学中来。

因此，地理教学必须遵从新的地理课程标准"以学生发展为本""学习对生活有用的地理"和"学习对终身发展有用的地理"的基本理念，加强地理课堂教学的实用性和趣味性。地理教师在传授知识的同时，还要引导学生进入"思想的王国"。地理教师应把教学过程组织成能激发学生学习积极性，唤起学生求知欲望的过程，这决定着教学的效果。

（四）地理教师应充分认识到"教是为了不教"

"教是为了不教"的教育思想，为当代教师专业发展指明了道路。叶圣陶在给教师的一封信中指出："教师之为教，不在全盘授予，而在相机诱导。"教师的专业发展越来越体现在教师追求教是为了不教，以及善于引导学生独立获取知识的方法和能力上。好课要求民主，要求开放，但开放不等于完全放手，放手更不等于放任自流。学生的自主学习并不等于学生自己学习。教师要牢固树立学生的主体观念，教师的角色是"导"，是引导。教师除了对学生进行学法指导外，还要想方设法将教学与训练结合起来，强化思维训练，日积月累，才能真正提高学生自主学习的能力。例如，在讲"北方地区"时，利用教学挂图和多媒体课件，从北方地区的位置、范围、人口、民族、自然环境、矿产资源、工农业发展等方面引导学生由浅入深，全面了解北方地区的自然环境和人文地理特点，掌握学习区域地理的方法。在此基础上学习"南方地区"时，教师便可以放手了，指导学生按分析北方地区的方法分析南方地区，并通过与北方地区进行比较，从而加深对所学的北方地区和南方地区地理特点的理解和记忆，提高学生分析和解决地理问题的能力。

（五）地理教师应构建幸福的地理课堂

教师和学生的生命中有很多美好的时光都是在课堂上度过的。怎样才能构建使师生生命潜力得到极大开发的幸福课堂，这直接关系到师生的生活质量。

美学视野下的地理课堂是地理教学的最高境界。地理教师应在更高的层次—生命的层次上，开发地理课堂教学的生命潜力，使师生都能感到新的成长和发展，焕发出生命创新的活力，使地理课堂教学成为师生共同实现生命价值的过程。中学地理教师应运用美学法则，采取多种方式和手段，营造美的地理课堂，发掘地理教学美，让学生在和谐、宽松、美不胜收的课堂里遨游，感受地理学习之美，构建美的心灵。塑造学生成为"求真""向善""崇美"的创造性人才，注重对学生的终极关怀，关注学生的生命发展，着眼学生人生境界的提升，铸造学生完整和谐的人格。

三、地理课堂教学本质

（一）课堂教学的本质

关于课堂教学活动的本质，存在多种不同的认识观点，大致可以归纳为以下四种。

第一种观点认为，教学活动的本质是知识的传授，或者是知识传授与能力培养的过程。这种观点强调教师向学生传递知识和技能，构成教学的基本要素是教师和学生，教材甚至书籍也是不可或缺的。

第二种观点认为，教学的本质是师生双方在现实中共同探索真理的认知活动，是教师的教和学生的学相结合的过程。这种观点强调教师和学生的共同参与，教材作为媒介扮演重要角色。

第三种观点认为，教学的本质是"对话""交流""沟通"，是教师与学生通过教学资源进行互动影响的过程。这种观点强调教学是一种特殊的人际交往，教师、学生及教材或其他中介都是构成教学的关键成分。

第四种观点认为，现代教学的本质是教师组织学生进行有目的、有计划的有效学习活动。在这种观点下，学生的学习活动成为核心，教师不再是传授知识的主导者，而是支持学生学习并提供帮助的角色。

课堂教学的本质就是教师合理利用教学手段和策略，根据学科特点和学生实际，指导学生有效学习，以促进学生掌握学科知识与技能，培养能力，提高思想境界，发展和谐人格，极大开发生命潜力为明确目标的教学活动。

（二）地理教学过程的本质

教育的本质要求、地理教育的功能和目的等，均只有通过地理教学过程才能实现。不同历史时期，人们对地理教学过程的内涵理解不同，即使是同一历史时期，也有各种不同的看法。目前比较普遍的看法认为：地理教学过程是由地理教师、学生、地理教学目标、地理教学内容、地理教学手段和方法、地理教学环境、地理教学反馈等要素组成的，这些要素相互联系、相互作用，共同构成地理教学过程。借鉴相关理论和观点，这里总结出地理教学过程的本质属性主要包括以下几个方面。

1. 地理教学过程是地理教师与学生以地理课堂为主渠道的交往过程

地理教学是地理教师的教与学生的学的统一，这种统一的实质是交往。地理教师是主导，学生是主体。地理教师"闻道在先"，经验更丰富，在知识、技能、能力等方面的发展水平远高于学生，因而地理教师担负着地理教学过程中组织者、引导者、咨询者、促进者的职责。学生在人格上与地理教师绝对平等，学生有独特的精神世界和价值观念，学生自由地、自主地、民主地参与地理课堂教学，在地理教学过程中有选择的权利和创造性地表现自我的权利。地理教师与学生、学生与学生彼此之间以课堂为主渠道，在相互尊重差异的前提下展开持续的交往和民主的对话，由此把地理课堂构建成一个洋溢着自由和民主气氛的、每个人的创造性和潜能均获得充分发挥的真正的"生活世界"。

2. 地理教学过程是直接经验和间接经验有机结合的过程

在地理教学过程中，学生对客观世界的认识主要是在地理教师指导下，以接受间接经验来实现的。要把间接经验转化为学生自己的知识，必须要有一定的直接经验作为基础。地理教学中要重视直接经验的作用，把直接经验和间接经验有机地结合起来。要正确处理直接经验和间接经验的关系，防止两种倾向：一是只强调地理课本知识的传授，忽视学生亲身的实践活动；二是只强调学生的实践活动，忽视地理课本知识和地理教师的作用。在地理教学中要把系统地理知识的学习与学生的实践活动有机地结合起来。

3. 地理教学过程是教养和教育相统一的过程

地理教学过程既是一个教养过程，又是一个教育过程。所谓"教养"，是指教授地理学科知识；所谓"教育"，是指思想品德教育。

地理教学永远具有教育性。首先，地理教学过程所传授的地理学科知识，总会使学生在获得一定的地理知识、技能和能力的同时，形成相应的对自然、社会、人生的立场、观点和态度，从而影响学生的价值观、思想品德的形成和发展。高中地理课程的学习有助于培养学生关注全球问题、加深对国家改革开放和现代化建设中的地理问题的认知。其次，通过探究地理现象，培养科学精神和人文素养，激发创新意识和实践能力，加强社会责任感，强化可持续发展观念。再次，在地理教学过程中，学生的地理学习活动本身也具有巨大的潜在的教育性。学生在地理教学过程中采取什么学习方法会极大地左右他们的态度和性格。如果学生只是被动地接受或机械地模仿教师所传授的地理知识，则往往会养成盲从的态度和性格；如果教师在地理教学过程中注意唤起学生积极探究的精神，尊重客观事实，独立自主地解决问题，就有可能帮助学生养成不盲从的态度和性格，培养创新意识和创新思维。最后，地理教学过程对班级的班风、学风和人际关系的形成有重要的影响，从而影响学生的品德和性格。

　　教养与教育是相互联系、相互制约的。通过教育内容的学习，学生掌握了知识与技能，形成了能力，这为地理教学的教育功能的发挥奠定了基础。反过来，教育的成功与否又极大地制约着教育的成效。学生拥有正确的价值观和良好的思想品德，就更有利于教育内容的学习。因此，地理教师要寓思想品德教育于地理教学过程之中，要避免脱离地理教学内容的空洞说教。

第二节　高中地理课堂教学组织、模式与教学反思

一、地理课堂教学组织

课堂教学组织是课堂教学的信息与反馈信息传递路径顺畅的保证。科学的地理课堂教学组织与管理是高质量地理课堂教学的有效保障。一节课只有45分钟，怎样才能激发学生的学习兴趣，使得学生积极参与，维持正常的教学秩序？这需要地理教师倾注满腔热情，发挥教育智慧，付出辛勤劳动，精心组织与管理地理课堂教学，并培养学生自我管理课堂教学的能力。组织地理课堂教学是一门艺术。

（一）组织地理课堂教学的含义

组织地理课堂教学是指在地理课堂教学过程中，为实现地理教学目标，完成地理教学任务，地理教师采取一系列组织管理和调节控制地理课堂教学的措施。

学生注意力不集中或课堂突发事件等现象的存在，使得组织教学在课堂教学的开始、进行、结束的过程中都是必不可少的，需贯穿于每一堂课的始终。

一般来说，组织教学包括以下内容。①课堂教学开始时的组织教学，包括地理教师向学生宣布上课，师生相互问好，明确学习目标，布置学习任务与要求，课堂导入应自然、生动有趣、富有感染力，保证教学纪律，促使学生集中注意力，激发求知欲望和探索精神，调动学习积极性，迅速进入听课最佳心理状态，保证课堂教学顺利进行和知识技能的获得。②课堂教学进行中的组织教学，包括教师为了维持正常教学秩序，处理突发事件，吸引学生

的注意力,调动学生学习的积极性所采取的方法和手段等。③课堂教学结束时的组织教学,包括课堂小结,布置作业等。帮助学生理清知识结构,掌握重点知识,巩固所学知识,促进学生知识内化,构建自己的知识体系;激发学生的求知欲望,培养学生的探究精神。

(二)地理教师驾驭课堂艺术

1. 组织教学因班而异,因势而教

针对不同班级的班风和学风,教师必须灵活运用不同的组织手段。在面对学生气氛沉闷、学习方法简单刻板、学生与教师配合较差的班级时,教师应注重增强课堂趣味性,活跃气氛,例如通过讲笑话、故事,进行游戏等方式来呈现课程内容。以地球形状和大小为例,教师可以借助孙悟空与如来佛的故事,生动演示地球的特征,从而引发学生的兴趣,达到更好的教学效果。

在班风、学风优良的班级中,教师也应避免过于单一的教学模式。即使学风良好,也应保持课堂的有序和趣味,避免枯燥乏味。对于性格活泼好动、情绪易激动的年轻学生,教师应采取更加深沉和抑制的教学方式,如通过激发故事情节,如麦哲伦历险的故事,来营造热烈、饱满的课堂氛围,同时以榜样教育的方式影响学生。

对于学习态度两极分化、学习目标不明确、纪律欠缺的班级,教师需与其他任课教师合作,统一目标,引导学生正确思考。在行动上,让学生感受到教师的信任和关心,可以让学生参与班级管理,协助制作教学素材,从而提升他们的自尊感和求知欲。这样的互动能够激发学生内心的积极性,促使他们更好地融入学习氛围。

2. 以群体中的个体差异为组织对象

在面对群体中的个体差异时,地理教师应充分了解每一位学生,以个性化的方式进行教育和管理。学生的个体差异包括成长环境、品德修养、智力水平、学习基础和学习能力等方面,这些因素都影响着学生在课堂中的表现和互动。

以深入了解学生为前提,地理教师可以针对不同类型的学生采取适当的组织策略。例如,对于自控能力较差的学生,可以采用隔离法。教师可以安

排这些学生坐在教室中间，周围环绕着一些比较文静、自制力较强的同学。当这些学生克制不住自己，产生想要做小动作或讲话的冲动时，周围同学的克制和专注将会对他们产生一种影响，使他们放弃不良行为，逐渐培养出专心听课的良好习惯。

这种个性化的教育方法有助于调动学生的积极性，减少不良行为的发生，同时也体现了地理教师对学生的关心和关注。通过充分了解学生的差异性，并采取适当的教育策略，地理教师能够更好地促进学生的发展，创造积极的学习氛围。

3. 加强对学生的人文关怀

在中学生的青少年成长阶段，地理教师的角色不仅仅是知识传授者，更应成为学生情感的支持者和引导者。了解并尊重学生的个性差异，关注他们的情感需求，是营造积极学习氛围的重要一环。教师应以耐心和爱心为基础，对待不同性格、成绩和家庭背景的学生，深入了解他们的成长环境、困难和优势，为他们提供个性化的指导和支持。通过与学生真诚的交流和关怀，建立师生之间的信任关系，能够激发学生的学习兴趣和积极性，增强他们的自信心和自尊心。

在课堂上，教师应注重学生的情感体验，倾听他们的想法和疑虑，及时回应他们的提问和困惑。鼓励学生表达自己的观点，给予他们积极的反馈和鼓励，以培养他们的自主学习能力和创造性思维。同时，关注学生的身心健康，对于遇到困难或挫折的学生，给予关心和支持，帮助他们克服困难，建立积极的学习态度和人生观。

4. 树立正确的学生观

在当今社会，传统的教育方式面临着诸多弊端，其中包括忽视学生的生命特性、生活特性、发展特性和差异性等问题。然而，现代学生的特点与时俱进，受到多方面影响，具备敏捷的思维和广泛的知识背景，提出的问题也更加多样化。面对这种新的教育背景，教师应该以新的观念来树立正确的学生观。

第一，建立平等的师生关系是关键。教师和学生在人格上应保持平等，建立起民主、友爱、相互尊重的师生关系。这种平等的关系能够为学生提供安全感，使他们能够在平等的氛围中培养自信、自强、自立和自尊的信念。

第二，教师应树立学生主体发展观。让学生参与到教育过程中，使他们成为学习的主体。在课堂上，教师应激发学生的自主性、积极性和创造性，让他们在学习中能够自发地提出问题、参与讨论，从而培养他们的思考和解决问题的能力。

举例来说，某地理教师在课堂上发现有学生在做其他科目的试题，而没有带地理课本。教师可以冷静观察并思考，确定学生的情况后，可以在课堂上适时给予提示，也可以在课后与学生进行私下交流。这种方式不仅保障其他同学的学习环境，同时也维护了这位学生的个人尊严。

5. 强化教学艺术

教学艺术是教师运用综合的教学技巧，根据教学规律和学生思维发展的规律进行的独创性教学实践。在地理教学中，构建教学艺术的意境是至关重要的。教师应巧妙地运用各种教学技巧，使教学更有效，更具美感和特点，以吸引学生的注意力并激发他们的学习兴趣。

6. 正确评估学生和自己

教师在课堂中的情绪管理能力对于建立良好的师生关系至关重要。要能够控制自己的情绪，避免因情绪失控而影响教学效果。了解学生心理也是至关重要的，教师应站在学生的角度考虑问题，尊重他们，理解他们的需求。避免使用讽刺、挖苦、发脾气等方式，而是采用耐心的态度，倾听学生的真实想法和需求。例如，对于一位经常上课睡觉且与同学关系紧张的学生，教师不仅在课余时间与他谈心，还鼓励他发挥自己的特长，以及改掉不良习惯。通过这种方式，教师成功地引导学生积极参与学校活动，并改善了他的学习态度和行为习惯。

7. 充分发挥教师的主导作用

在地理课堂教学中，教师担负着组织者和引导者的角色。教师应像战场指挥员一样，积极引导课堂秩序，确保学习氛围的良好。即使个别学生出现不认真听讲的情况，教师也必须果断制止，不能纵容不良风气的滋生。针对这些情况，教师可以采取不同方式处理，如提问、单独交流或与班级干部协商，但不可任由不良现象滋长。教师的严格要求和有爱的引导能够引导学生形成积极的学习氛围，促进班风学风的良好发展。

8. 充分发挥学生的能动作用

学生普遍存在着"上课不听，考前突击"的错误观念，需要教师的引导来纠正。教师可以在课堂开始时强调认真听课和持续学习的重要性，明确表示在考试时会关注学生的表现。通过这种方式，能够让学生意识到上课认真听讲的重要性，避免产生不良的学习习惯。教师的引导和激励能够激发学生的自觉性，让他们认识到学习的重要性，从而改变学习态度和行为方式。通过教师的引导和学生的自觉努力，学习氛围和班风将逐渐向好的方向发展，为学生的全面成长提供良好的环境。

9. 采取一些行之有效的调控课堂教学的方法

（1）教法调控法

教师在课堂教学中应当注重多样性的教学方法。灵活多变的教学方法可以激发学生的求知欲望，同时帮助他们保持持久的注意力。例如，在教授地理知识时，可以通过引人入胜的故事、生动的比喻、真实的案例等方式来增强学生的兴趣，使知识更加易于理解和吸收。通过丰富多样的教学方法，可以使课堂更具活力和互动性，提高学习效果。

（2）语言调控法

教师在课堂上的语言运用具有重要影响力。合理的教学语言可以更好地利用课堂时间，增强教学效果。在地理教学中，教师应当运用恰当的语言，生动形象地表达地理知识，使抽象概念变得更具体可感，从而激发学生的学习兴趣和理解能力。同时，通过鼓励学生提问、参与讨论，以及与学生互动交流，教师可以创造更具互动性的课堂氛围，促进学生的深入思考和学习效果的提升。

（3）情绪调控法

情绪调控在影响学生注意力的方面具有敏感性。课堂氛围的好坏及学生的学习情绪很大程度上受教师情绪的影响。因此，在地理课堂教学中，教师需要调整自己的情绪，避免将负面情绪传递给学生。

首先，教师站在讲台上时应抛开一切烦恼，保持情绪饱满并充满激情，充满信心地传达知识。这种积极情绪会感染学生，营造出积极向上的学习氛围。如果教师表现出疲惫或无精打采，学生可能也会感到沮丧，从而影响课堂效果。

其次，教师应根据教学内容的不同，展现出相应的情绪。例如，对于涉及国家面临的环境、资源和人口问题时，教师可以用严肃的神情，而在讲述丰富旅游资源时，则可以表现出自豪和热情。通过不同情绪的展现，可以引导学生的情绪变化，使他们更加投入学习。最后，教师要有能力调节自己的情绪，确保在课堂上保持积极的情绪状态。这不仅有助于提升学生的学习效果，还能够营造出积极向上的课堂氛围，促进师生之间的良好互动。

（4）机智调控法

机智调控法是教师必备的一项能力，尤其在应对突发事件时显得尤为重要。在课堂教学中，教师可能会遇到各种令人意想不到的情况，而教师的机智应对能力能够在关键时刻保持课堂的秩序和正常进行。突发事件可能会干扰课堂的氛围，影响学生的学习效果。而教师的机智调控能力可以使得教学不受干扰，还能够通过适当的幽默和应对，创造出积极的教育效果。教师的机智调控不仅体现在应对突发事件上，也体现在课堂互动中。教师可以根据学生的反应，随机调整教学方法，增加课堂的趣味性和吸引力，让学生保持高度的注意力。这种机智调控能够有效地激发学生的学习兴趣，促进知识的传递和消化。

（5）等待法

等待法是一种有效的课堂管理方法。当课堂中出现学生没有做好准备或注意力分散的情况时，教师可以选择静默等待的策略。站在讲台上，以期待的目光注视着学生，不发一言。这种等待能够引起学生的注意，让他们自行调整状态，安静下来。等待本身也传递出一种尊重学生自主调整的信号，有助于建立积极的师生关系和课堂秩序。在稳定课堂秩序的同时，等待法也能够激发学生自觉学习的意愿。

（6）提问法

提问法是引导学生集中注意力的有效方式。当课堂秩序较为混乱或学生分心时，教师可以突然提问。这将迫使学生立即集中精力思考问题，从而调整他们的注意力。然而，在问题被提出后，教师需要进行适当的等待，确保所有学生都有充分时间思考。此外，为了确保问题被理解，教师可能需要在提问后对问题进行再复述。

（7）停顿法

停顿法是快速稳定课堂秩序的方法。当教师发现学生不专心听课时，可以突然停顿讲课。这种突然的变化会引起学生的注意，迫使他们立即集中精力。然而，这种方法的应用需要教师在适当的时机使用，以避免对正常听课的学生造成干扰。

（8）回避法

回避法适用于应对突发干扰。当课堂内外出现意外情况，例如噪音、物品掉落等，教师可以选择无视这些干扰，继续讲课。通过不将注意力放在干扰源上，教师能够避免引起学生的额外关注，从而保持课堂的稳定。这种方法需要教师保持冷静和专注，以确保课堂秩序不受干扰的影响。假若教师也关注了，也不是什么大不了的事情，关注后及时提醒学生说："好啦，热闹看完了，我们继续上课啦！"

（9）齐读法

齐读可集中每个学生的注意力。即使是"滥竽充数"的人，也得装模作样地朗读。因此，当发现部分学生分心之时，教师恰到好处地让学生齐读，一些分心的学生也会跟上集体朗读。至于个别调皮的学生，教师便可走近他，对其进行暗示或小声批评教育而不影响其他学生，让"出队"的学生幡然醒悟，跟上队伍。通过"合唱"形式，可以达到集中精力，强化记忆之目的。

（10）反馈调控法

课堂教学是一个动态的信息传递和反馈过程，在这个过程中，教师需要不断地获取学生的反馈信息，并根据这些信息来调整教学策略，以实现更好的教学效果。学生的反馈信息可以包括他们的理解程度、兴趣水平、学习动态等方面的信息。教师可以通过各种途径来获取学生的反馈信息，如提问、讨论、小组活动、课堂练习等。提问是一种常见的获取反馈的方式，通过提问可以了解学生对知识的理解程度，从而及时调整教学进度和深度。讨论和小组活动可以促进学生的互动和思维碰撞，教师可以通过观察学生的参与程度和讨论质量来了解他们的学习状态。课堂练习可以帮助教师评估学生的掌握情况，发现学习中的问题。除了直接的反馈信息，教师还应该注意捕捉学生的间接反馈信息，如情绪、表情、姿态等。学生的情绪和表情可以揭示他们的兴趣、理解程度和参与度。教师可以根据学生的情感变化来调整教学的节奏和内容，以保持课堂的活跃和秩序。

根据学生的反馈信息，教师需要及时做出调整，可能是更深入地解释某个知识点，或者是采取更生动的教学方式。通过不断地分析学生的反馈，教师可以更准确地把握学生的学习需求和水平，从而更有效地进行教学调控，让课堂教学更具针对性和效果。

（11）目光注视法

教师的目光可以传达丰富的信息和情感，影响学生的情绪和行为。通过适当的目光注视，教师可以表达关注、鼓励、期待等情感，从而引导学生更好地参与课堂活动。教师可以用目光示意某个学生回答问题，或者表达肯定或否定的态度，甚至可以通过目光来提醒学生注意课堂纪律。然而，教师需要注意的是，目光注视应该是积极、正面的，不应该让学生感到不适或尴尬。

（12）板演示范法

合理设计的板书或课件可以将复杂的知识结构清晰呈现，帮助学生更好地理解和记忆知识。板演示范法不仅有助于教师讲解，还能激发学生的学习兴趣和积极性。通过生动的板书或精美的课件，教师能够吸引学生的视觉注意，使他们对课程内容产生浓厚的兴趣。此外，板演示范法还有助于培养学生的自主学习能力，因为学生可以通过对板书或课件的整理和记忆，深化对知识的理解。

组织地理课堂教学是一门艺术。在教学过程中，地理教师应在组织教学艺术上下功夫，不断学习、实践、反思、提高，探索，形成适合自己的教学组织与管理风格，才能使地理教学收到事半功倍的效果。

二、地理课堂教学模式

（一）地理课堂教学模式概述

1. 教学模式的特点

教学模式是一种教学活动操作系统。

（1）系统性

从系统科学的角度来看，教学可以被视为一个复杂的系统，其中包括教师、学生、教材、教学手段等多个要素相互作用，共同构成了教学活动的整体。教学模式则可以被理解为在这个教学系统中，为了达到特定教学目标，所采用的一种特定的方式、方法和组织形式。

教学模式不仅是对教学过程的规划和组织，更是一种对教育理念、教学方法和学习策略的整合。它旨在通过优化教学要素之间的关系，最大限度地促进学生的学习效果和发展。

（2）中介性

"中介"是一个哲学概念，而且主要是辩证思维的概念。教学模式是沟通教育教学理论和教学实践活动的中介和桥梁。

（3）可操作性

教学模式的可操作性确保了教学理论可以被实际运用到教学实践中。它提供了一种具体的指导，使教师能够在实际课堂中根据模式的要求和程序进行教学活动，从而更好地实现教学目标。

（4）简约性

地理教学模式之所以具有简约性，是为了让教育从业者更容易理解和运用。通过将复杂的教学经验、理论原则及实践方法归纳为简明的表达方式，教学模式成为一种更容易传递和共享的工具。

（5）完整性

地理教学模式的完整性确保了教学过程的各个环节都被充分考虑到，从教学目标到教学评估都应该有清晰的规划和安排。这种完整性有助于教师在教学中避免遗漏，确保教学的全面性。

（6）稳定性

地理教学模式的相对稳定性表明它可以被应用于不同学科和教学环境，因为教学的基本原理和规律在很大程度上是普遍适用的。这种稳定性不仅提供了一个基本的指导框架，也为教育实践的稳定性提供了支持。

（7）灵活性

地理教学模式的灵活性是指它能够根据不同的教学情境和需求进行适应和调整。这种灵活性使教师能够根据实际情况做出决策，从而更好地满足学生的需求和教学目标。

综合而言，这些特点使得教学模式成为一个有力的工具，连接了教育理论与实际教学，并为教育工作者提供了一个指导性的框架，使他们能够更有效地开展教育工作。同时，这些特点也强调了教学模式不是僵化的模板，而是可以根据实际情况进行调整和创新，以更好地适应不断变化的教育环境和学生需求。

2. 教学模式的发展趋势

（1）教学模式由单一向多样化发展

从最初的传统教学模式开始，随着教育理论和认知科学的发展，人们开始意识到教学需要更多关注学生的认知和思维过程。这导致了各种不同的教学模式的涌现，如问题导向教学、合作学习、项目制学习等。这种多样化的教学模式可以更好地满足不同学生的学习需求和发展。

（2）教学模式由以"教"为主向以"学"为主转变

以前的教学模式往往将教师视为信息的传递者和知识的权威，而现代教育更加注重学生的主体性和参与。这就引导了教学模式从以教师为中心转向以学生为中心，强调学生的自主学习和思维发展，以及通过互动、合作等方式促进学习。

（3）教学模式追求现代化

随着科技的迅速发展，教学领域也迎来了数字化和技术化的时代。多媒体、互联网、虚拟现实等技术被广泛应用于教学中，为教学提供了更多的资源和工具。这种现代化的趋势使教学变得更加生动、互动和适应性更强，同时也提供了更多定制化的教学模式。

3. 地理课堂教学模式的含义

对于地理课堂教学模式的定义，在我国，最早是由褚绍唐在《地理教学法》中提出并对其进行了探讨，地理课堂教学模式是指在一定的地理教学思想或地理教学理论指导下建立起来的较为稳定的地理教学活动结构框架和地理教学活动程序。

借鉴相关教学模式和地理教学模式的理论和观点，这里总结出地理课堂教学模式的含义为：在一定的教学思想和教育理论指导下建立起来的，比较稳定的地理课堂教学结构、地理课堂教学程序及实施地理教学方法的地理教学策略体系。地理课堂教学模式起着中介作用，即地理课堂教学模式是地理教学理论得以具体指导地理课堂教学，并在地理课堂教学实践中运用的中介。

4. 地理课堂教学模式的组成要素

地理课堂教学模式一般是由地理课堂教学的理论基础、教学目标、教学程序、教学条件和教学评价五个因素组成的，这五个因素相互依存、相互作用，构成一个完整的地理教学模式。

（1）理论基础

教学模式的理论基础是其设计和实施的指导方针。不同的教学理论和思想会导致不同的教学模式的出现，例如，基于建构主义理论的教学模式强调学生的主动参与和知识构建，而基于行为主义理论的教学模式注重刺激和反应。理论基础为教学模式提供了思想支持和方法指导。

（2）教学目标

教学目标是教学的核心，也是教学模式的指导方向。教学模式的设计应该紧密围绕教学目标展开，确保每一个环节都对实现这些目标有积极影响。教学目标的具体性和明确性能够指导教师选择合适的教学程序和教学条件。

（3）教学程序

教学程序是教学活动的逻辑流程，它决定了教学活动的步骤和次序。在设计教学程序时，需要考虑如何引导学生逐步完成学习任务，如何确保知识的合理组织和内化，以及如何通过不同的活动促进学生的思维发展。

（4）教学条件

教学条件包括教师、学生、教材、教学手段、教学环境等多个方面。这些因素相互作用,影响着教学模式的实施效果。教师的专业知识和教学技能、学生的背景和学习需求、教材的内容和质量,以及使用的教学技术和工具,都会在不同程度上影响教学模式的成功。

(5)教学评价

教学评价在地理课堂教学中确实扮演着重要的角色。它不仅是对教学效果的量化和定性的判断,还是教师不断改进教学方法和策略的关键工具。

(二)地理课堂教学模式的常见类型及应用

现行地理课堂教学模式是在继承传统地理课堂教学模式,借鉴国内外先进教育理论,引入国外各种地理课堂教学模式,结合我国实际,深化国内地理课堂教学改革,不断总结地理课堂教学实践经验的基础上形成和发展的。新中国成立后,对我国教育界影响最为深远的、至今仍在地理课堂教学中占据重要地位的课堂教学模式是苏联教育家凯洛夫提出的"六环节"教学模式,其教学程序是:组织教学—复习旧课—引入新课—讲授新课—巩固新课—布置作业。目前,除凯洛夫"六环节"教学模式外,据不完全统计,在各类书刊上公开发表的地理课堂教学模式就有数十种。基于教学关系的地理课堂教学模式,大致有四种:"先教后学,随教而学"(如凯洛夫的"六环节"教学模式);"少教多学,教以导学"(如"精讲多练");"自学自理,以教辅学"(如"自学辅导");"先学后教,以学定教"(如"翻转课堂")。下面就对基于教学关系的四种地理课堂教学模式进行探讨。

1."先教后学,随教而学"地理课堂教学模式

(1)概述

"先教后学,随教而学"教学模式是传统教学方法的一种,强调教师在课堂上起到主导作用,通过系统的教学安排和讲授,引导学生逐步理解和掌握地理知识和概念。在这种教学模式中,首先,教师会以讲授为主要手段,将地理知识系统地传递给学生。其次,学生会根据教师的指导和安排,进行观察、感知和理解。教师可能会使用实例、案例、图表等方式帮助学生深入理解知识。再次,学生会进行练习和巩固,以确保他们能够真正掌握所学的内容。最后,教师会对学生进行检查,可能是通过小测验、问题解答等方式,

以确认学生的学习效果，并提供进一步的指导。

虽然这种教学模式强调了教师的主导作用，但现代教育理念强调学生的积极参与和主动学习。因此，在实施这种教学模式时，也可以在适当的情况下加入一些互动性强的元素，如讨论、小组活动、案例分析等，以促进学生的思维发展和自主学习能力的培养。

（2）教学程序

①复习旧课

这一环节包括复习与检查学生对已学内容的掌握情况，其目的在于诊断学生当前的学习水平，为讲授新课做好准备。根据地理课堂教学需要，检查（如小测等）与复习可结合进行，也可侧重于其中一项。无论是哪一项都要紧扣新旧学习内容之间的联系，使复习能起到承上启下的作用。

②引入新课

这一环节称导入新课。教师通过引导学生进入新课这一环节创设学习情境，诱发学习动机，激发学习兴趣，明确学习目的，为新课学习做铺垫。导入新课的方式多种多样，主要有复习导课、情趣导课、直观导课、设疑导课、直接导课。

③讲授新课

这一环节在教学模式中是至关重要的核心部分。在这个环节中，教师会精心设计并执行教学计划，通过准确、简洁、生动的讲解，灵活运用不同的教学方法和工具，引导学生从已知的知识出发，逐步深入未知领域。学生会积极参与教学过程，积极思考，与教师互动，开展各种复习活动，例如观摩、阅读、练习、回答问题、做笔记等，以便更好地接受新知识并培养学习能力。这个环节的目标是确保学生获得准确的知识，同时也培养他们的学习兴趣和主动参与精神。

④巩固新课

这是地理教学成果的巩固及运用阶段，要求按所学内容和教学对象的差异，采用不同的形式加以巩固。其具体方式有：教师概括归纳、解答疑难、举例分析，学生做练习、阅读，师生讨论等。

⑤布置作业

布置作业是教学中的重要环节，其目的在于加深学生对所学知识的理解，巩固掌握新知，并将知识应用于实际情境中。教师应当精心设计作业，确保作业目标明确，难度适中，形式多样，要求清晰，能够激发学生的学习兴趣和动力。同时，作业也是教师了解学生学习情况和教学效果的重要途径，通过批改作业并提供反馈，教师可以及时调整教学策略，帮助学生解决问题和提升能力。布置作业要充分考虑学生个体差异，关注学生的学习需求，使作业成为学习过程中的有效引导和延伸，促进学生的综合能力发展。

（3）教学评价

"先教后学，随教而学"地理课堂教学模式的优点在于它能够在有限的时间内，通过教师的启发和指导，使较多的学生有效地理解和掌握较为系统的地理学科知识，同时进行地理技能的系统训练，这种效率较高的特点使其成为经济有效的教学模式之一。然而，这种教学模式也存在一些不足之处。它过分强调了教师的主导作用，可能导致学生在学习过程中变得被动，而缺乏自主思考和主动参与。随教而学的方式可能限制了学生的创造性思维和问题解决能力的培养。此外，这种模式可能会使教学过程过于机械化，缺乏足够的互动和多样性，导致学生的学习兴趣逐渐减退。因此，在实施这种教学模式时，教师需要在教学过程中适当地引导学生发挥主动性，培养他们的自主学习能力和批判性思维。教师还应该采用多种教学方法，增加互动环节，让学生在学习中能够更加积极地参与，从而使教学更具有活力和多样性。

2."少教多学，教以导学"地理课堂教学模式

（1）概述

所谓"少教"，就是教师应是组织者、引导者，不要面面俱到，讲要讲在关键处，该讲的要讲深、讲透，使学生理解知识的来龙去脉，而学生通过自己的努力能够理解、掌握的尽量不讲或少讲。所谓"多学"，是指学生在教师的精心引导下，对所学内容产生浓厚兴趣，积极、主动去发现、探究，从而学会学习。"少教多学"并非是让教师投入得更少，而是要求教师教得更好，强调教学重点从教学内容的数量转向教学内容的精良。"少教多学"触动了教学活动的核心问题，即为什么教，教什么，怎样教，并分别对这三

个问题赋予了新的解释。

（2）教学程序

①复习旧课

可参照"先教后学，随教而学"地理课堂教学模式。

②引入新课

可参照"先教后学，随教而学"地理课堂教学模式。

③精讲新课

"精讲"是针对"满堂灌"的教学方式做出的改进，提倡教学内容精到，教学方法优良。

④多加练习

教师提供更多的时间让学生自己练习。"多练"的必要性在于学习是一个循环的螺旋上升的过程，对于学过的知识只有通过练习才能真正掌握，由此学会由三反一、多中取类，实现知识与能力的迁移。

（3）教学评价

"少数多学，教以导学"地理课堂教学模式，使"精讲"成为"多练"的基础，而"多练"又是"精讲"的继续和发展。只有教师"精讲"了，才能腾出较多的时间让学生"多练"；也只有学生"多练"了，教师的"精讲"才能落到实处。但此教学模式要求学生在教师精讲的基础上，通过大量的练习来巩固、强化知识理解和技能掌握，稍微不注意，就会使学生的大部分时间都沉溺在练习的过程中，这会增加学生的学习负担，当下的题海战术便是这一弊端的恶化。教与学均未突破传统知识观，教与学的重点仍是书本知识，学生的练习也是以巩固所学知识为目的，缺乏与直接经验的融合，缺乏知识逻辑性和趣味性的整合。教与学的知识仍然是传统知识观下的知识获得隐喻。在这样知识观下的"教"与"练"，教师和学生都是外在于知识的旁观者，而不是情境下的意义建构者。

3. "自学自理，以教辅学"地理课堂教学模式

（1）概述

"自学自理，以教辅学"地理课堂教学模式在地理教学中能更好地体现地理新课程改革关于倡导自主学习、合作学习、探究学习的先进教学理念，

结合地理课堂教学特点，以学生自学为主体，使学生在教师的指导下依据地理教材，按照教学目标要求，首先自学相关教学内容，其次进行小组讨论，教师答疑解难，引导学生深入探讨，最后练习巩固，进行总结运用。教师的职责由系统讲授改为精讲，培养学生的自学能力和自学习惯。

（2）教学程序

①目标引领

教学目标的制订与提出是一堂课的初始环节，是课堂教学的前提。通过展示教学目标，教师向学生阐明本堂课的学习任务，教师在确定教学目标时，要坚持以学生为主体的原则，从学生的实际需要出发，做到知识与技能、过程与方法、情感态度与价值观的统一。

②自学探究

这是一堂课的核心环节。提出学习目标后，教师不再采取传统教学方法进行传授，而是围绕教学目标，创设问题情境，指导学生如何自学，引导学生带着问题独立阅读教材，动手查阅工具书和相关资料，认真思考，自主探究问题和发现问题。学生自学时，教师要及时巡视，注意观察和收集自学的情况，采取对策分别进行个性化辅导。学生自学习惯和能力的形成都有一个过程，不能放任自流，教师要耐心指导。

③合作解疑

这是一堂课的关键环节，也是整堂课的高潮部分。在学生自主学习的基础上，教师创设探究环境，适时引导学生组成学习小组，让学生提出自主学习中的疑难问题，开展合作，互相交流，取长补短，共同提高。在这一环节中，师生互动、生生互动可使师生的思想尽情地碰撞，共同解决自主学习环节中难以解决的问题，使学生在一次次的合作讨论中展现其聪明才智，分享成功的喜悦。

④精讲点拨

这也是一堂课的关键环节，本步骤要求教师针对学生在合作解疑中仍解决不了的共性问题进行精讲点拨。教师要针对教学中的重点、难点、关键点与学生思维中存在的疑点，结合相关的社会热点，选准突破口，设法讲透，解除学生心中的疑问。教师指导学生主要是导观点、导思路、导方法。

⑤训练巩固

这是一堂课的重点环节,对处于课堂主体地位的学生来说,通过进一步的训练才能检测出自己当堂课到底掌握了多少知识。主要方式是教师出示已拟题目对学生进行训练,也可以根据地理学科的特点让学生在课堂上自拟题目,互相提问、评价。

⑥拓展运用

教师在拓展运用方面的角色至关重要。通过引导学生将课堂所学内容置于更大的背景中,将各个知识点联系起来,可以帮助学生更好地理解知识的内在逻辑和关联性。同时,将知识与实际情况和社会热点问题结合,可以让学生看到知识在现实生活中的应用和意义,从而激发他们的学习兴趣和动力。

(3)教学评价

"自学自理,以教辅学"地理课堂教学模式的优点主要表现在:以学生的自学为主,培养学生的自学能力,突出学生在地理课堂教学中的主体地位。加强对学生的个别辅导,利于贯彻因材施教的原则。不足之处主要是:对教师和学生的要求均比较高。教师要有较强的教学组织能力,学生要有较强的自学能力和纪律观念。否则,自学很有可能会流于形式。

4. "先学后教,以学定教"地理课堂教学模式

(1)概述

"先学后教,以学定教"地理课堂教学模式主张让学生"先学"而教师"后教",把"学"放在首位,使"学"成为教学的前设、教学的重心,使学生成为教学的主体,教师成为指导者和辅助者,使教学在学生自主学习的基础上更具针对性。

在信息化的环境下,往往将教师提供的在线视频作为主要课程资源,让学生在课前对授课内容进行自学,在课堂中师生共同完成作业并且进行答疑、交流、探索。不过,也有研究人员进一步提出,通过视频学习并非此课堂教学模式的关键,对传统教学流程和时间分配的颠覆和以学生为中心的教学思路才是此课堂教学模式的核心。

（2）教学程序

①课前设计模块

教学视频的制作在翻转课堂中扮演着关键角色。通过高质量的教学视频，教师可以有效地传达知识，为学生提供学习材料，为课堂时间腾出更多互动和讨论的空间。制作教学视频时，教师需要注意以下几点：

内容清晰明了：确保视频内容逻辑清晰，条理分明。从基本概念到复杂细节，都应有适当的层次结构，以便学生理解。

生动引人：教学视频可以利用图表、实例、案例等多种方式来生动展示概念和知识点，激发学生的兴趣。

语言简练：在视频中使用简明易懂的语言表达，避免过于专业化的术语，以确保广大学生都能理解。

时间适中：控制视频的时长，避免过长而引起学生的疲劳。通常，视频应该在 10—20 分钟之间。

视觉效果：使用合适的视觉效果，如字幕、动画、图像等，能够增强学习效果。

充分演示：对于一些操作性的内容，可以通过屏幕录制演示来展示，帮助学生理解。

在学生观看完教学视频后，课前针对性练习是必不可少的一步。这有助于学生巩固所学知识，发现问题，为课堂讨论做好准备。同时，利用网络交流支持也能够促进学生之间的合作与互动，加深对知识的理解。教师应在这个过程中充当指导者的角色，鼓励学生之间的互助和分享，解答疑惑，引导讨论。

②课堂活动设计模块

确定问题：教师根据课程内容和学生的疑问，选出有探究价值的问题。学生根据兴趣选择问题，组成小组。

独立探索：学生在教师指导下，逐渐从依赖走向独立学习。教师培养学生的独立学习能力，让他们构建知识体系。

协作学习：小组是课堂的基本模块，教师捕捉学生动态，适时引导交互，确保小组活动有效开展。

成果交流：学生经过探索和协作后，展示个人或小组成果。形式多样，如展览、报告、辩论、比赛等，甚至可以在课外录制汇报视频，供全班讨论和评价。

③教学评价

这种全新的课堂教学模式，对知识获取过程和课堂时间安排进行了颠覆性的重构。教学模式中的"先学"彰显了学生的主体性，尊重了学生的个体差异，发挥了学生的学习潜能，这些都契合了人本主义心理学的理念。但是，此教学模式也还没有真正处理好学教关系，难以关涉学生学习的内化和内隐目标，因为学生的自学自理能力是"先学后教，以学定教"有效性的先决条件。

教学模式是教学的共性、规范性，是教学程序的提炼与固化。我们提倡研究模式，但不主张模式化。因为教学就一般意义或抽象意义而言是集体行为，但将其落实到一门学科的教学活动，教学则是教师及其学生的行为，它是根据一般模式、教学环境、学科特点、教学设备、学生状况、教师优势等进行的再设计、再创造的活动。教师对教学内容深层次的领悟，教师的立场、观点、方法，以及其情趣、气质、性格等融为一体并不断升华，赋予课堂教学以独特的风格，也使教学模式产生变式与活化，形成教学个性。地理教师要认真学习教学模式，但又要尽快抛弃既定的教学模式，力求创建自己的教学风格，并向高层次的教学迈进。高层次的教学不仅进行着理性传授，而且进行着审美陶冶。它不仅通过概念、言语（逻辑思维）传授着课程标准规定的知识，而且借助感悟、体验（审美思维）传授着课程标准所未规定的看不见的感受、灵性等更深层次的内容。它是通过教育者和受教育者的心心感应实现的。教学的审美、趣味性促使教学个性升华、美化为教学艺术。教学是一种创造活动，教学模式、教学个性、教学艺术是相互联系、不断创造的三个层次。

提倡研究教学模式，并不是提倡模式化，教学追求的是个性和艺术。

（三）黄山中学地理学科"161"课堂教学模式

1. 新授课"161"教学模式

（1）第一个"1"：目标导学

在学案制作时，将本课的学习目标（知识、能力、素养要求）、学习重点、学习难点放在学案最开始的位置,让学生明晰本课学习目标,带着目标去学习。

(2)课堂的"6"个环节

①课堂导入

课堂导入要精心设计,新颖、实用、有效。平常生活中的地理现象、名人名言、古代诗歌,小视频等都是我们课堂导入的素材。可以通过沃未来派平台提前以各种形式发至学生平板,在课堂上让学生观看、思考,提起学生学习的兴趣。如果采用问题导入,最后要回归问题,让学生用本课所学的知识来解决问题,真正起到导入的作用。

②提出问题

根据学生实际,逐步设定具有梯度和层次性的问题,确保问题在逻辑上有递进关系,有助于深入理解。

③学生自主学习

引导学生根据问题或任务,自主进行学习和探究。提供明确的学习内容、要求和方法,让学生明确学习目标,自主选择学习路径。

④小组合作探究

这是课堂教学最主要的环节和载体,借助沃未来派的优势,让各小组拿着平板充分进行讨论,讨论教师提出的问题、自主学习过程中解决不了的问题,整理答案,组织语言,确定上台展示的人选。

⑤成果展示和精讲点评

学生小组展示成果,使用多种方式(黑板、口头、图示等)展示解题过程,甚至突显思维误区。其他小组进行纠错点评,提供不同角度的反馈。

⑥当堂训练巩固

在学案最后设置当堂巩固练习,要求题目要少、要精,要契合本节内容,让学生达到学以致用的目的。通过沃未来派的平台,及时得到学生答题的反馈情况,以便做出正确的指导。

(3)第二个"1":作业考试化

针对当天所学内容,限时限量精心设计自习作业,全部实行作业考试化,选择题答案做完后从平板电脑上提交,以便及时得到最准确学生答题信息,有针对性地进行讲解,综合题要及时批阅,要有分数,逐步培养学生的答题规范。

2. 讲评课"161"教学模式

（1）第一个"1"：目标导学

考试是用来评估学生在特定阶段的学习成果和能力的工具。通过考试，教师可以了解学生对知识的掌握程度和能力的运用情况，为进一步教学提供反馈。

（2）课堂的"6"个环节

①教师点评考试情况

教师通过通报考试成绩，对学生的表现进行评价和反馈。这有助于学生了解自己的学习状况，同时也能够激励他们继续努力。教师分析试卷中存在的问题，可以帮助学生了解错误的原因，并为后续的教学调整提供参考。

②学生自查自纠

教师出示答案后，学生需要自行查找错误并改正，这有助于培养他们的自主学习和自我纠错能力。通过这个环节，学生能够更深入地理解自己的错误，并在实际操作中加以纠正。

③考试情况反馈

教师可以通过课件展示分析试卷中选择题正答率较低和难度较大的题目，以及综合题答得不好的题目。这种反馈能够帮助学生了解哪些知识点需要进一步加强，并在后续的学习中有所侧重。

④分组讨论

学生在小组内讨论不会的问题，以及教师在课件中展示的重点题目，有助于互相帮助和解决问题。小组讨论也能够促进学生的合作和交流，培养团队合作能力。

⑤班内研讨、教师点拨精讲

在班级范围内，学生提交需要研讨的问题，然后教师在学生的基础上进行点拨和精讲。这种互动能够帮助学生更深入地理解和掌握知识点，同时也促进了师生之间的互动。

⑥变式训练

对于学生出错较多和难度较大的问题，教师进行变式训练，让学生在不同情境下运用知识。这有助于巩固学习成果，提高学生的应用能力和解决问题的能力。

（3）第二个"1"：讲评学案

在自习时间中进行讲评学案是一个很有效的学习方法，可以帮助学生巩固知识、纠正错误，并提高学习效果。讲评学案分为以下三部分，很有针对性和实用性。

知识链接：这部分的重点在于帮助学生将不同知识点进行联系，形成知识网络，从而更好地理解和记忆。通过将考试中的题目涉及的重点和难点知识进行重现，可以帮助学生加深对这些知识的理解和记忆。

错题重做：重新做错题有助于学生发现自己在解题过程中的错误，了解错误的原因，进而避免类似的错误发生。此外，重新解题也有助于加深对知识点的理解，让学生能够更好地掌握解题思路。

补偿训练：对于学生掌握不好的知识点进行补偿练习和变式训练，可以帮助他们加强这些薄弱环节，提高解题能力。通过不同形式的练习，学生能够更全面地掌握知识，从而在应对类似的考试题目时更加从容。

3. 复习课"161"教学模式

（1）第一个"1"：目标导学

在学案制作时，将本课的复习目标、复习重点、复习难点（素养要求）放在学案最开始的位置，让学生明晰本课复习目标，带着目标去复习。

（2）课堂的"6"个环节

①基础知识梳理

教师可以采用多样化的方法，整理要复习的基础知识。将内容呈现得条理清晰，从整体到细节逐渐深入。对于重难点和关键点，进行有针对性的讲解，并配以合适的练习，以提高学生对基本知识和方法的深刻理解和准确掌握。这有助于学生建立科学合理的知识结构，使知识体系更加系统。

②基础知识检测

为了有效提高课堂复习的效率，需要解决"眼高手低"的问题。为避免学生在课堂上表现得一知半解，在复习过程中了解自己的掌握情况至关重要。可以设计一些基础选择题和一个综合题，通过解答的过程让学生自我评估，激发兴趣，从而有效提高复习效率。

③小组合作探究

将检测中出现问题的题目放在小组中进行讨论，记录小组无法解决的问题。这种互动有助于促进学生之间的合作学习和交流，共同解决难题。

④教师精讲释疑

在这个环节，教师会对学生在讨论中出现的疑问进行精讲。重点关注学生讨论过程中存在疑惑的知识点，通过典型例题进行解析，目的是要揭示解决问题的一般规律，使学生掌握解题方法，提高分析和解决问题的能力。以下是一些注意事项：

推陈出新：教师在精讲时可以从新的角度或方法出发，对问题进行拓展和延伸。这能够挖掘旧题的潜力，让它们在新的背景下展现出新的效果，帮助学生更好地理解和应用知识。

小题大做：有时小题可以通过深入开发和适当变化，达到比大题更好的教学效果。这样的做法能够涵盖更多的基本知识和技能，同时也让学生更感兴趣。

类化整合：教师可以将练习题进行类化整合，将相似的问题归类，从而讲解一类问题时可以涵盖多个题目。这样有助于学生理解问题背后的共同原理，提高解决问题的能力。

深入浅出：对于难题，教师可以进行深入的解析，将难点、重点、疑点逐一讲解清楚。通过肢解问题，帮助学生理清解题思路，使难题变得更容易理解和解决。

一题多讲：教师可以对一个问题进行多种变化和延伸，使学生能够更全面地理解问题的内涵和外延。这种方法有助于培养学生的思维灵活性和解决问题的能力。

重视过程：教师在讲解过程中强调解题过程的重要性。鼓励学生不仅注重结果，还要注重解题的逻辑和规范性，帮助他们更好地展现问题解决的思考过程。

⑤课堂巩固训练

在讲解完知识后，适当的训练能够检测学生对已讲内容的掌握情况。这有助于查缺补漏，再次巩固复习过的知识。巩固训练还能提升学生对知识的理解和应用，从而增强他们分析问题和解决问题的能力。在这个环节，教师可以设计一些练习题，以不同难度和类型覆盖所学内容，激发学生的学习兴趣。

⑥课堂总结反思

课堂的最后阶段是总结反思。教师引导学生根据课程标准，对所学内容进行归纳和整理，进一步完善自己的知识网络体系。学生可以在错题本上整理记录典型问题，以便在后续的学习中更好地弥补不足。通过总结和反思，学生能够更好地理清知识结构，为进一步的学习打下坚实基础。

（3）第二个"1"：课后巩固学案

自习时间学生完成课后巩固学案，主要以题目为主，检测课堂知识复习效果。

三、地理教学反思

（一）地理教学反思的含义

地理教学反思是地理教师在教学实践中对自己的教学行为进行批判性思考和评估的过程。这个过程涉及回顾过去的教学活动、分析教学效果、自我监控和反馈等步骤，以便从中获得经验教训，进而改进和提升教学效果。通过地理教学反思，教师可以更好地认识到自己的教学优势和不足，从而做出有针对性的调整和改进，提高教学质量和效率。

地理教学反思的目的在于促使教师深入思考教学过程中的各个环节，包括教学设计、教学方法、学生互动、教材选择等方面。教师通过反思可以识别自己的成功经验，也能够发现不足之处，从而在未来的教学中更加有针对性地应用有效的教学策略。此外，地理教学反思还能够促进教师的专业成长和自我提升，使其能够不断适应教育环境的变化和学生的需求。

地理教学反思能较好地解决教育理论研究与教学实践相脱节的问题，是备课的重要环节，是地理教师形成教学经验，提升教学能力的重要方法和手段，还能在一定程度上丰富教育理论，是地理教师自主专业化发展的核心因素。

（二）地理教学反思的内容

地理教师的教学反思范围可从教学预设、教学效果、教学观念、教学目标、教学方法和手段、教学机智、学生表现、教学细节、教学媒体运用、板书设计、习题设计、再教设想等方面进行。具体可操作如下。

1. 记载成功之笔

作为教师，自己所授的任何一堂地理课多多少少都会有精彩之处。或许是课堂导入巧妙、应变灵活，或许是教学方法创新、教学理念先进等，凡是能很好调动学生的学习积极性、激发学生的学习兴趣的做法，都可以详细记录下来，供以后教学参考和使用，并且在此基础上进行不断的改进、完善、创新、提高。

2. 牢记失败之处

课堂中的疏漏失误之处，教师更需要谨记，课后要进行冷静思考、回顾、梳理，并分析出现疏漏失误的原因，找到解决问题的方法对策。

3. 捕捉瞬间灵感

课堂教学中经常会出现令教师意想不到的思维火花，可以将之作为以后教学的素材。比如，老师讲课时临时增加的内容或改变的教学方法，学生上课时某些绝妙的回答、见解及质疑等。教学是师生相长的过程，灵感也是师生思维碰撞时的精彩火花。

4. 珍视学生见解

在地理课堂教学过程中，学生是学习的主体，由于思维方式的不同，学生可能会在课堂中提出一些独特的见解，教师应给予充分肯定，使之得以被借鉴和推广。同时，这些难能可贵的见解也是对课堂教学的补充与完善，可以拓宽教师的教学思路，提高教学水平。

5. 进行再次设计

对一节课出现的得失要及时记录下来，并进行必要的归类整理，重新对这部分内容进行教学设计，考虑下次教授时该如何教，使自己的教学水平提高到一个新的境界。

（三）地理教学反思的方法

1. 观看教学录像

地理教师可以借助教学录像来进行教学反思。教师可以自行或与其他教师一起观看自己或其他教师的教学录像带，对教学中存在的问题进行比较深入的分析和思考，并提出改进措施。

2. 撰写教学日记

教学日记是教师在教学实践中记录和反思的重要工具。通过书写日记，教师能够记录下有价值的教育经验和创新认识，从观察者的角度审视自己的教学方法和学生反应，发现问题并寻求解决方法。同时，教学日记也能帮助教师发现个人的教育特色和智慧，重塑教育哲学并进行实践。通过不断地反思和记录，教师能够在教育道路上不断提高，创造更好的教育效果。

3. 与同事交流

教师在教学实践中应积极与同事交流，因为这有助于更全面地认识自己的教学方法。同事的观点和建议可以从不同角度为教师的教学提供宝贵的反馈，帮助教师更客观地审视自己的教育方式。通过与同事分享经验和讨论教学策略，教师可以拓展思路，汲取借鉴，进而不断提升教育质量。在这种交流中，教师应以开放心态对待同事的意见，从中汲取积极的启发，为自己的教学实践不断进行修正和完善。

4. 学生评教反馈

学生评教反馈是一种有力的反思工具。研究表明，学生评教结果具有高度的可信度，教师应充分借助这一资源来审视自己的教学实践。通过仔细分析学生的评价，教师能够全面、多角度地了解自己的教学表现，既可以肯定已取得的成就，又能发现自己的不足之处。这种反思有助于教师从学生的视角重新审视教学方法和策略，推动教学观念的转变和教学方式的更新。

5. 观摩教学

观摩教学是另一个有益的反思方式。通过亲自观摩其他教师的课堂或观看优秀教师的录像，教师可以借鉴他人的优点和成功做法。通过仔细分析观摩过程中的细节和教学策略，教师可以找出自己与优秀教师之间的差距，进而逐步调整和改进自己的教学行为，提高教学水平。

6. 阅读理论文献

教师应不断学习教育改革的理论，阅读关于教学的优秀文献，借此来与大师、优秀教师的思想对话，深入思考自己的教育理念和教学实践。通过与新知识的对话，教师可以更好地认识到传统教育的局限性，从而更有意识地反思和调整个人的教学方式，逐渐提升自己的专业素养和自我意识。

第五章
高中地理高效课堂的理论与构建策略

第五章 高中地理高效课堂的理论与构建策略

第一节 高效课堂的内涵与基础

高效课堂是在有限的时间内,以最大化的教学效率,有效地完成课程内容,实现教学水平的提高。这种课堂不仅仅是机械的知识传递,而是一个由教师和学生共同构建的现场互动,通过积极参与和合作创造良好的学习效果。高效课堂的核心目标是唤醒学生的潜力,使教学的效果达到最大化。在高效课堂中,教学内容需要既深入又广泛,教师需要深刻理解不同方面的相互联系和发展过程,并在授课强度上把握得当。随着教育的不断发展,新课改为高效课堂的实现提供了更多机会。课堂作为教育的重要载体,在新课改的框架下,应该更加注重学生的主动性和独立性。教师应根据学生的不同综合水平,灵活构建高效课堂,激发学生的学习兴趣和主动性,引导他们成为自主学习者。高效课堂的构建还需要关注学习的乐趣,以及营造积极和谐的教学氛围,让学生在愉快的氛围中成为学习的主导者。

一、高效课堂的基本要素

高效课堂是一种促进学生和教师共同成长的教学模式,不仅强调课堂效果的优化,更注重学习过程中的互动与体验。在高效课堂中,学生和教师的角色相辅相成,共同参与,共同取得进步。

学习时间、学习成果和学习经验是构建高效课堂的基本要素。学习时间是学习内容所用的时间,有效利用时间可以提高学习效率。学习成果是学生在教学结束后所达到的成长和进步,包括知识、技能、思维模式和情感的综合发展。学习经验是学生和教师在教学过程中的互动体验,它影响着学生对学习的态度和情感，进而影响学习效果。

构建高效课堂需要综合考虑这三个要素。首先，教师要精心安排学习时间，合理分配各个环节的时间，确保课堂紧凑而不拖沓。其次，教师应关注学习成果，通过灵活的教学策略和多样的评价方式，促使学生在知识、技能和思维层面获得实质性的提升。最后，教师要关心学习经验，创造积极、互动和愉悦的学习氛围，让学生在参与教学的过程中获得愉快的体验，从而激发他们的学习动力和兴趣。

二、高效课堂的教学特征

（一）课堂容量大

高效课堂的构建首要目标是实现高效益、高效率和高效果。教材内容的广泛涵盖使得课堂任务变得庞大且综合性强。这意味着学生需要掌握大量的知识点，进行深入思考，并在有限时间内完成各项教学任务。因此，在限定的课堂时间内，每一分钟都应得到充分的重视，以避免时间的浪费，尤其是要杜绝重复或冗杂的内容的出现。

（二）全员参与性

高效课堂的设计不应受限于传统的教师讲述、学生被动接受的模式。学生在课堂中应是核心角色，教师应将课堂变为学生的舞台，激发学生的学习兴趣，充分调动每位学生的积极性和主动性，确保每个学生都能积极参与。在高效课堂中，教师应采用多元化的教学方法，如小组讨论、案例分析、实践活动等，以鼓励学生发表自己的观点、提出问题并进行合作交流。这样的互动性教学能够增强学生的参与感，激发他们的思维，从而提高教学效果。

（三）主观性

高效课堂的一个重要特点是鼓励学生的积极参与，使他们在愉悦的学习氛围中自主探索新知识，从而培养内在的学习动力。这种积极的主观体验可以增强学生的学习兴趣，激发他们对知识的深入追求。学生在积极愉快的氛围中学习，获得成就感，进而产生积极的反馈循环，推动他们更加主动地参与学习，从而达到更高的学习成果和更远大的学习目标。

（四）减负性

高效课堂的核心在于以最小的投入获取最大的效果，旨在提高教学效率的同时减轻学生和教师的负担。教师需要合理规划教学内容和时间分配，避免不必要的冗余和低效环节。通过优化课堂设计，教师可以更有效地利用时间，将重点放在学生的主动学习和思考上，从而提升学习效果，使学生在有限时间内获得更丰富的知识和技能。这种有效的教学方法不仅能够提高学习效率，还有助于减轻学生的学业压力，创造更轻松愉快的学习环境。

（五）开放性

高中地理课程涵盖了自然地理、人文地理和区域地理等多个领域，这些知识点与现代社会的发展密切相关。在高效课堂中，应该借助现代技术手段，引入开放式学习，让学生可以通过多种途径获取和探究知识，不仅限于教科书。充分利用互联网和多媒体资源，开展探究性学习和实践活动，让学生更深入地了解地理知识与实际应用的关系。这种开放性的学习方式能够培养学生的创新思维和问题解决能力，使他们在面对未知情境时能够灵活应对。

三、构建和谐的高效课堂

高效课堂的核心目标是在有限的时间内实现教学任务，达到预期的教学目标，并为整个教育过程带来积极的影响。为构建高效课堂，教师需要着重提高课堂效率，确保教学过程更加有序、高效，同时关注学习结果的实际效益。高效课堂具备两个显著特征，即高效果和高效益。

高效效果强调课堂的教学目标能够迅速达成。在高效课堂中，教师精准地设计教学内容和方法，确保学生在有限的时间内掌握所需知识和技能。通过科学的教学安排和清晰的学习路径，学生能够更快速地理解和吸收新知识，达到预期的学习效果。高效益关注的是教学结果的最大化。这并不是追求简单地将大量知识灌输给学生，而是通过高质量的教学，激发学生的思维、创新和解决问题的能力。在高效课堂中，教师注重培养学生的自主学习能力和批判性思维，让学生不仅能够掌握知识，还能够将知识应用于实际情境，形成深刻的理解。值得强调的是，高效课堂并不仅仅追求速度和数量，更重要的是追求质量和深度。教师需要根据学生的特点和需求，选择适合的教学策略和方法，让每一个课堂环节都具有实际价值，促使学生真正掌握和理解知识，培养他们的学习兴趣和能力。

四、高效课堂的理论基础

（一）有效教学理论

在教育学领域，有效教学理论是一支重要的分支，具有深刻的研究价值。它不仅像理论科学一样探究、总结教学现象，揭示其中的问题，提炼客观规律，还类似应用科学，寻求解决实际问题的方法。只有经过专业训练且胜任的教师才能在实际教学中应用这些规律，以最小的投入获得最大的效果，而这需要有效教学理论的指导。

教育的进步与时代息息相关，因此高效课堂的构建理念是与时俱进的产物。高效课堂强调整体性，不仅关注个体的表现，更注重学生的全面成长。在此框架下，有效教学的重点是保障每个学生在学期内的学习状态和成就。与仅关注教师传授内容的数量不同，高效课堂追求实现教学目标的方式，需要明确的方向和策略，使每个学生都能在教学中得到有效的指导和关注。

（二）合作学习的教学理论

合作学习是一种教学策略，旨在通过在异质小组中促进学生相互协助、合作，共同实现学习目标，并以小组整体成绩作为奖励的依据。这种教学方法涵盖了师生之间、学生之间的各种合作形式，构成了一个综合的体系，以促进课堂教学的有效展开。其中，分组协作是合作学习的主要表现形式，通过这种方式增强了学生之间的互动与交流。

合作学习包含五个基本要素。①相互依存关系。要求团队成员共同面对困难，彼此之间存在相互依赖。②有效沟通。团队成员之间能够进行和谐、有效的交流，促进信息共享与理解。③责权明确。每位成员的任务和责任应该明确清晰。④团队协作。团队协作是合作学习的核心，要求队员具备团队合作精神，相互帮助、互补优势，共同解决问题。⑤自我反思和总结。自我反思和总结是团队成员进行学习成果检测和改进的重要手段，通过自我反省和查漏补缺来提升学习效果。

（三）分层教学的教学理论

分层教学是一种教育理论，因为每个学生的背景和学习进程都有所不同，因此在构建高效课堂时，需要根据学生之间的差异性进行教学规划。这种方法强调个体的差异性，使每位学生都能得到适当的关注和指导，从而实现更好的学习效果。分层教学的核心概念是根据学生的学习水平和需求将他们划分成不同的层次，然后为每个层次的学生提供相应的教学内容和支持。这种方法的目标是让高水平的学生进一步提高，让大多数学生都能取得进步，甚至让学习困难的学生也能在积极的环境中体验到学习的乐趣并取得进步，从而实现整个学习群体的整体进步。分层教学关注于个体差异，强调个性化的教育，通过有效的教学策略和方法，为每个学生提供适当的学习资源和挑战。这种方法能够更好地满足学生的学习需求，激发他们的学习兴趣，提高学习动力，从而在有限的时间内实现更大程度的学习效果。

（四）最优化的教学理论

最优化的教学理论由苏联教育家和教学论专家巴班斯基提出，对教育领域产生了深远影响。他强调在教学过程中，全面考虑教学规律、原则、现代教学形式和方法，以达到课堂教学效果的最优化。这意味着在教学中要综合考虑多方面因素，使教学过程在教师的组织和引导下，达到最佳效果。在教学过程中，教师需要在各种内外部因素的相互影响下做出合适的决策，以实现教学任务的最优化。最优化教学理论包括整体优化和局部优化两个层面。

(五)建构主义的教学理论

建构主义教学理论强调学习者是知识的建构者,学习是一个由学习者在教师或合作伙伴的指导下,通过查阅学习资料和自主思考来构建知识的过程。建构主义认为,学习不仅仅是被动接受信息,而是一个主动参与、重新构建的过程。学生通过内化和消化感官获得的信息,将其整合进已有的认知框架中,从而达到对知识的理解和掌握。教师在这一过程中起到引导和促进的作用,鼓励学生独立思考,自主构建知识体系。通过建构主义教学,学生能够更深刻地理解知识,形成持久的学习效果,提高学习的效益。

(六)最近发展区理论

根据维果茨基的观点,学生的发展可以分为两个层次:一是现有发展水平,即学生当前已经掌握的知识和能力;二是潜在发展水平,也就是最新发展区,指的是学生在教师的指导下,借助适当的帮助和引导,能够实现的发展水平。在教学中,教师需要了解学生的现有水平,同时也要考虑他们的潜力和可能的发展方向。这种理论强调教师应该根据学生的潜力,提供适当的支持和引导,使他们能够达到更高的认知水平和创新能力。在构建高效课堂时,关注学生的最新发展区非常重要,因为这有助于在教学过程中精准地引导学生,促使他们不断超越当前水平,实现更大的学习进步。

第二节　高中地理高效课堂的构建策略与评价

一、做到高效的备课

备课是课堂教学的重要准备，目标是将教学内容与学生实际情况相融合，选择适宜的教学内容和方法，合理规划教学时间、内容和方法，以搭建高效课堂，提升教学水平。备课阶段需要考虑以下几个方面。

（一）巧妙使用导学案

每周有两次集体备课时间，由 1—2 位教师提前一周制订导学案，然后在集体备课时间，地理教师共同讨论分析，最终备课组长审查并确认。随后，任课教师会结合班级状况再次备课，充实所需知识储备，加强前后课程的衔接。备课还要考虑课堂导入、课本内容、学生学习进度与水平、课堂设计、探究活动的质与量、时间、形式，还有小组分工等。

（二）确立教学目标

在构建高效课堂时，明确的教学目标扮演着至关重要的角色。随着新的课程标准和教学大纲的制定，教材内容也在不断更新和调整，因此，在课堂中明确教学目标可以帮助教师更好地把握教学的方向和重点。通过仔细分析教材，识别出关键的知识点、技能要求，以及学生容易出现困难的地方，教师可以根据这些情况明确课堂中的重点和难点，并设定相应的教学目标。教学目标的明确性有助于提高课堂的效率和效果。教师可以根据设定的目标来有针对性地安排教学内容和活动，确保学生在有限的时间内获得最大的学习收益。此外，明确的教学目标还可以激发学生的学习动力，让他们知道自己学习的目标和方向，从而更加专注和投入地参与课堂活动。

（三）熟悉学情

在构建高效课堂的过程中，熟悉了解学生的学情是不可或缺的一环。教师在备课阶段应当具备全面、预见性和导向性，以确保课堂教学的质量和效果。首先，教师需要通过调查和了解，提高备课内容的预见性，掌握学生目前已掌握的地理知识，预测可能出现的问题，以便提前准备解答方案，确保对学生的有针对性引导。其次，在备课过程中，地理教师应该指导学生合理分配小组任务，并制订有效的导学案。这样，小组长可以引导小组成员进行自主学习和探究，同时记录学习过程和问题。通过小组合作，学生能够更好地参与和理解课堂内容，培养自主学习和合作能力。最后，在制订导学案时，地理教师需要了解小组成员的展示分工和自主学习情况。这有助于教师在课堂上高效地引导学习，及时解答问题，指导学生深入思考。总之，通过充分了解学生的学情，教师可以更好地指导备课过程，确保课堂教学有针对性、高效率，并能够促进学生的积极参与和学习效果的提升。

二、做好高效课堂的教学

（一）基本教学过程

1. 激情引入

开始时，教师巧妙地引入情境或案例，以吸引学生的注意力，将他们投入到新的课堂内容中，同时激发学生的兴趣和积极性。这一步旨在引导学生认识到导学案中的学习目标和本节课的重要难点。

2. 预习互动

学生按照导学案的指导进行自主预习，整理章节知识，标记可能存在的疑问。在小组内讨论，共同解决疑难问题，促进学生间的互动交流，为后续课堂探究做准备。

3. 知识展示

通过口头交流、书面展示和板书，教师已经了解学生在预习中遇到的难题。在这一阶段，教师会进行解答、讲解、扩展和巩固，为学生提供深入的指导，确保学生理解和掌握。

4. 反馈总结

课堂的末尾，教师会以试卷或纸条形式检查学生对学习任务的掌握情况。同时，对小组的预习、探究和展示进行评价和总结，让学生反思和回顾所学，加深对知识的理解，突破难点，提升综合能力。这一步也为未来的学习奠定基础。

（二）对地理教师的具体要求

1. 促进教师间的交流合作

地理教师应积极与同行展开深入的交流与合作。无论是在课前还是课后，建立起良好的合作氛围，有助于共同探讨教学中的问题和发现，分享创新的思路和灵感。通过相互借鉴经验，共同解决教学难题，可以促进教师们的共同进步与提升。

2. 深化教学内容，优化利用时间

在地理教学中，教师要着重深化教学内容，注重培养学生的思维能力和综合素质。合理分配课堂时间，确保每一分钟都被充分利用，以最大化课堂效率。通过精心策划课堂活动，结合各种教学资源和工具，激发学生的学习兴趣和参与度，提升教学效果。

3. 强调学生课堂笔记的价值

地理教师应强调学生在课堂中做好笔记的重要性，着重指导学生如何有效记录关键信息。教师可以定期检查和督促学生的笔记，确保内容准确且完整。良好的笔记不仅帮助学生整理思绪，也是复习和巩固知识的有力工具，有助于提高学习效率。

4. 注重语言表达的生动与趣味

在地理课堂中，教师应注重语言表达的质量，避免枯燥的讲述方式。使用生动有趣的语言，充满情感和活力，能够吸引学生的注意力，让他们更加

投入课堂。适当控制语速,确保学生理解和跟上教学进度,同时避免引发学生的疲劳和不耐烦情绪。

5. 适度运用电子设备

虽然学校普遍配备了多媒体教室,但地理教师应注意在使用电子设备时保持适度。过度依赖数字工具可能分散学生注意力,反而影响教学效果。教师应审慎选择使用电子设备的时机和方式,确保其能够有助于教学,而不是成为干扰因素。

6. 科学高效的问题情境设计

在设计问题时,地理教师应确保问题的背景与实际情境紧密结合,能够激发学生的思维。问题的选择要基于教材内容和实际案例,避免陷入低水平问题,浪费宝贵的课堂时间。问题设计应具有一定的挑战性,能够引导学生主动思考,并从中获得新的见解和知识。通过科学高效的问题情境设计,地理教师可以引导学生更深入地探索和理解知识。

7. 建立有效的学习小组

在学习过程中,平衡个体独立学习和小组合作学习的不同阶段。建立科学的学习小组,成员之间要有互补性,能够充分交流和合作。学习小组的组建应考虑成员的学术水平和学习风格,确保能够相互促进,共同解决难题,分享知识,提升整体学习效果。

8. 营造积极课堂氛围

在小组讨论中,地理教师应积极参与,倾听学生的发言,回答问题,并给予适当的点拨和引导。此外,地理教师还应努力维持良好的学习小组氛围,鼓励有益的交流,保障每位学生的学习空间和尊重。通过创造积极的课堂氛围,可以促进学生的有效合作和互相学习。

9. 精准掌握课堂节奏

在课堂教学中,教师需要准确地掌握时间分配和节奏的把握。合理规划讲解、讨论、练习等教学环节,确保整个课程充实而不显得冗长。避免过快或过慢的节奏,以确保学生在吸收知识的同时保持学习的热情和兴趣,让每一分钟都充分利用,让学习过程既高效又愉悦。

10. 开展有针对性的班级干部培训

针对主要班级干部，开展专门的培训，明确他们在班级中的职责和使命。通过培训，帮助干部更好地了解如何引导和协调班级内的学习活动，解决同学们的问题。与此同时，与班级干部保持紧密的沟通，了解同学们的意见和需求，使干部能够更有针对性地发挥引领作用，创造积极的学习氛围，促进班级的团结和发展。

11. 积极进行课后反思和改进

鼓励学生对教学过程和教师的表现进行反馈和评价，以获得他们宝贵的意见和建议。学生是教学的重要参与者，他们的观点对于优化教学至关重要。通过收集学生的反馈，教师可以深入了解教学效果、难点和改进的空间，从而更好地满足学生的学习需求。这种反馈和反思的机制有助于教师不断改进教学方法，提高教学质量，实现教学的高效和有效。

三、班主任做好班级的动态管理

班主任不仅仅是教学的责任人，更是学生思想、情感和生活方面的引导者。在构建高效课堂的过程中，班主任的职责可以总结如下。

（一）及时跟进和管理学生动态

班主任需深入了解班级状况和每位学生的背景与内心世界，与学生保持密切联系，倾听他们的声音。与任课教师合作，共同打造高效课堂，成为教学和管理的桥梁，及时跟进学生的学习和行为动态，确保他们的发展与需求得到关注和引导。

（二）加强班级思想教育

班主任应引导学生树立正确的人生观、价值观和世界观，尊重并理解每位学生，培养他们的道德情操和创新精神。通过开展主题班会、心灵导航等活动，帮助学生发展有担当、有素养的个性，使他们成为积极进取、有社会责任感的全面人才。

（三）建立班级管理制度

建立科学的班级管理制度，包括设立值日组长和值日生制度。为确保学习小组的良好运作，每小组设置值日组长，负责管理当天的小组成员学习情况，而小组长则负责协调成员关系和任务进度。教师对各小组的学习情况进行检查，表扬优秀小组，激发学生的积极学习动力。通过这样的机制，促使学生自觉参与班级管理，培养其协作和领导能力。

四、基于学生学习行为的高校课堂构建

（一）课前做好预习准备工作

预习在构建高效地理课堂中具有重要作用，它有助于减少学习难度，提高学习效率。以下是一些关于如何进行地理课程的预习的方法和建议。

1. 整体浏览与分级理解

在课程开始前，先整体浏览即将学习的内容，对课程进行初步了解。根据难度，将内容划分为不同层次，如"了解""理解""掌握"等，明确每个层次的重点。

2. 制订预习计划

制订一个预习计划，根据预习内容的难易程度和自己的时间安排，合理分配预习时间，确保能够深入学习重要难点。

3. 制作导学案

制作导学案是预习的重要环节。根据教材内容，总结重点和难点，编写问题和思考点，为课前自主学习提供指导。同时，将自己的疑惑也记录在导学案中，为课堂上的解答做准备。

4. 自主学习与小组讨论

在预习阶段，先进行自主学习，按照导学案的引导进行深入学习。之后，可以和同学组成小组，讨论预习中的问题和难点，互相分享理解和解决方法，促进共同进步。

5. 寻求教师指导

如果预习过程中遇到无法解决的问题，可以将疑问记录下来，向教师请

教。教师可以为你解答疑惑，帮助你更好地理解和掌握预习内容。

6. 复习和总结

在预习之后，进行复习和总结。回顾预习的重点、难点，检查导学案的完成情况，做好知识的梳理和整理，为课堂上的深入学习做好准备。

预习的过程不仅有助于提前了解课程内容，还能够培养自主学习的习惯，让课堂变得更加高效和有针对性。

（二）课堂上积极参与学习

1. 要积极主动地参与课堂

（1）设定明确学习目标，进行自主学习

在应对例题练习时，若碰到难题或产生疑问，要迅速做好记录并进行标记。而当在例题练习中遇到难题时，可以积极与学习小组的同伴或教师互动，共同探讨并解决问题,通过协作的方式获得更深入的理解和有效的解决方法。将困难和疑虑及时记录下来，有助于后续的学习和复习，避免遗漏重要的学习重点。同时，在与同伴和教师的互动中，可以获得不同的观点和解题思路，拓宽思维，找到更多的解决途径。这种合作学习的方式不仅有助于解决难题，还能促进互相学习，增强学习的深度和广度。因此，及时记录问题并标记，积极与他人合作，是有效提高学习效果的关键策略之一。

（2）开展协作探究，加深理解

在小组合作中，对课程内容进行讨论和深入分析，特别关注个人对知识的模糊认知和盲区。积极向小组成员寻求帮助，共同归纳和总结知识点。在协作过程中，互相交流心得、想法和灵感，分享有效的学习方法。对于任何尚未得出结论的重点、难点或疑点，都应标记并争取教师的指导。确保小组内部的合作探究具有明确的范围、内容、方向和时间，需要有一位小组长来进行有效控制，并监督团队的纪律维护。

（3）展示交流学习成果，促进深化理解

创设学习小组，将学习成果进行展示与交流。①口头展示：根据学习小组的任务分配，每位组员轮流汇报分析和探究结果。这些汇报不仅仅应包含答案和结果，还应涵盖探讨的思路、解决方法、过程、关键难点、涉及的知识点及在协作中的体会。其他组员可对汇报内容进行补充和扩展,随后,教师组织其他学习小组对展示进行评价和延伸。②板书展示:在教师的指导下,各小组将讨论的问题和内容进行板书,包括解题思路、答案、方法和容易出错的地方。其他小组可就板书内容进行补充和评论。通过展示,学生不仅提高了知识的理解,还锻炼了思维和表达能力,进一步巩固了新学习的内容。

(4)加深目标,延伸知识领域

在解决难点知识时,可以适度地将知识扩展延伸,引入一些有趣的拓展内容,这有助于提高记忆效果和理解深度。同时,在教师进行题目讲解时,务必认真做好学习笔记,以便进行反复的复习和巩固记忆。通过将知识点与相关的拓展内容联系起来,不仅可以拓宽对知识的理解,还能够增强对重要概念的记忆,使学习更加系统和全面。此外,及时记录教师在课堂上的解题方法和关键步骤,有助于在后续的复习中快速回顾和复盘,提高对知识的掌握程度。因此,积极参与课堂互动,做好学习笔记,将知识进行扩展和延伸,都是高效学习的重要策略,能够有效提升学习效果和记忆效率。

(5)反复强化记忆,总结反思提高

对于知识的难点和重点,教师的解释和讲解要反复进行,以加深记忆。自己也要进行反复记忆和总结,梳理模糊的知识点,从而巩固学习成果,提升学习效果。在学习过程中,要时刻反思自己的学习方法和策略,不断优化学习过程,以获得更好的学习效果。

2. 协作学习

(1)制订科学的学习计划并且贯彻实施

制订合理的学习计划是学习过程中的关键一环。每个学习小组都应根据自身情况制订周详的学习计划,包括每日和每周的学习目标与安排。仅有明确的学习计划,才能避免盲目和无序的学习,确保高效学习效果。计划的制订应充分与小组成员协商,从课堂进度、课后复习,到习题练习等各个方面进行细致安排。计划确定后,小组成员应相互监督,切实执行,对完成计划的成员予以肯定,对怠慢的情况进行批评,确保每位学生都得以提升和进步。

(2)要养成良好的合作学习习惯

在合作学习中,与小组内的同学保持良好的互动,积极参与小组的探讨活动，倾听他人的观点，尊重每个人的意见，以友好和礼貌的态度相待。同时，要勇于分享自己的见解，创造一个开放的环境，让每位小组成员都能够自由地交流和表达想法，从而共同提升学习效率。在小组互动中，建立相互信任和尊重的氛围是关键，这有助于促进信息流动，充分利用每个成员的知识和才能，实现更深入的思维碰撞和学习成果的提升。通过充分的合作与讨论，小组成员可以共同攻克难题，加深对知识的理解，并在相互启发中培养批判性思维和问题解决能力。

（3）协作学习小组内气氛要融洽

在协作学习小组内，成员之间应建立起相互尊重和互助的关系。在独立学习时，不干扰他人，创造一个宁静的学习环境；在协作探究时，积极参与讨论，分享个人发现和思路。在组员分享时，其他成员要仔细聆听，记录并补充，以创建一个积极和谐的学习氛围，促进学习效果的提升。

（4）协作小组内的各成员享有同等的学习权利和展示权利

在协作小组中，应确保每个成员都有平等的机会参与学习和展示。要杜绝个人主义，不允许某些人占据过多的时间和机会，剥夺其他成员的表现机会。同时，那些渴望表现的同学也应掌握适当的节制，给其他成员留下展示和发言的机会，保持公平。

（5）协作小组内的各成员要团结互助

协作小组是一个整体，成员间应保持友好互助的态度，充分发挥各自的优势，实现互补。成绩较好的同学可以帮助那些较弱的同学，共同进步，共同达到更好的学习效果。

（6）协作小组内要遵守规则、秩序

在协作学习中，小组成员应遵守班级和学校的规则和秩序，确保学习活动在良好的秩序中进行，不涉及与学习无关的事务。

（7）成果展示要主动

每个成员都应积极参与成果展示，分享自己的想法和思路，不应保持沉默，而是勇于发言，充分展示自己在学习过程中的贡献。

（8）对学习成果进行评价

①小组长应对每位成员的发言和展示进行评价，指出不足并提出改进意

见；②成员之间可以进行互相点评，赞扬优点，提出建议；③每周小组应对整体表现进行总结，对本周的学习成果和互评结果进行反馈，以促进进一步改进和提升。

（三）地理教学语言的特点与养成

1. 地理教学语言的特点

地理教学语言与日常交流语言、学术报告语言、演讲语言和舞台表演语言都存在差异。它在课堂中是教师主导的语言，要求更高。以下是其特点。

（1）科学性

地理教学语言必须准确、真实、精确，遵循科学规范，反映地理学科的科学性。使用普通话是基本要求，避免方言或土语。发音和用词要准确，处理生僻词汇需参考字典，避免错误。语言应简洁明了，避免冗长重复，突出要点。

（2）启发性

教学语言应具有引导思维、诱导探究的特点，能激发学生思考。要以引导为主，从感性、现象入手，结合生活实际，将学生引入情境，推动他们的思维展开。通过提问、比较、联想等方式引导学生积极思考，参与主动学习。

（3）生动性

地理教师应运用生动、幽默的语言，栩栩如生地描述地理事物，以及投入情感传达知识。这能够吸引学生注意力，提升学习兴趣和积极性，培养审美情趣。语言要具备艺术性，地理的综合性和区域性特点需要以生动的语言描绘地理事物，增加艺术元素，使课堂充满活力。

（4）平等性

在协作学习中，每个成员应有平等的学习和展示权利。避免个人主义，保障所有成员有机会参与，不得剥夺他人表现机会。同时，表现欲望强的学生也要适度，给其他成员留下展示的机会，保持公平。

（5）综合性

地理教学语言应综合运用地理图像、多媒体等多种媒体，但语言仍然是重要手段。地理事物与其他学科和人类活动有广泛联系，因此，生动的教学语言对于描绘地理事物、现象、联系具有重要作用。使用成语、谚语、诗词等文学作品，能让地理景物更生动，学生更易记忆。

2. 地理教学语言的培养

教学语言作为教师的基本功之一，是展现知识、能力、才华和风度的重要标志。精炼、准确、生动、启发是其要求，但这并非一朝一夕之功，需经过持续学习、实践、反思才能逐步提升。在此过程中，我们必须：

（1）深入研究教育业务

充分投入备课，深入研究教材，了解学生特点，合理设计教学过程。只有对教学有深刻理解，才能在教学中流畅运用教学语言。

（2）积累丰富素材和资料

广泛阅读各类书刊，不仅限于本学科，扩展知识范围。研究语言科学，提升语音、词汇、语法、修辞等方面的能力。

（3）反复练习和实践

将设计好的语言写在教案上，反复背诵，录音并听取，找出成功和不足之处，不断完善。请其他教师听课，虚心征求建议，也要听取高水平教师的课程，学习他们的优点。

（4）融入情感和情感表达

优美准确的语言需伴随适当的情感，二者相得益彰。良好的语言表达结合丰富的情感，才能有效感染和影响学生，提升教学效果。

（5）注重提高课堂时效

优化教学语言旨在提升课堂效率，充分促进学生智力发展。语言与情感的有机融合，能激发学生积极性，实现更高的教学目标。

（四）课后做好复习总结

1. 课后复习的关键在于对知识的理解

没有真正理解的知识只会带来死记硬背，耗时费力，效果不佳。经验表明，只有真正理解了知识，才能将其消化吸收，加深记忆，减少遗忘。这要求学生在课堂上要全神贯注，积极动脑，认真思考，对所学内容进行消化。对于仍然难以掌握的知识难点和模糊之处，及时向教师寻求帮助，确保问题得到及时发现和解决。

2. 有效执行课后复习

在心理学领域的研究表明，人类对于新学习的知识，在一小时内能保持 90% 的记忆率，但一小时后，记忆率急剧下降至不到 50%，两天后甚至只有 25% 左右。然而，通过多次重复的复习，知识点的记忆率在第二天可以超过 90%，通过反复记忆后，记忆可以变得更加持久。只有通过及时的复习来加深记忆，才能真正掌握所学知识。因此，所有学生都应充分认识到复习的重要性，不能仅仅完成作业就以为学习任务完成，还需要定期进行复习。

3. 保持高频率的复习

复习需要科学的、有规律的方式，新知识和难以理解的知识点需要更频繁的复习。经过多次反复记忆的知识点，在得到巩固后遗忘速度会减慢，记忆时间会更长久。因此，需要加强对这些知识点的复习，直到它们成为你头脑中的一部分。一般来说，对于新学的知识点，由于内容较多且陌生，容易被遗忘，所以需要进行更多的复习。

4. 高效科学地复习

高效复习的关键有以下几点。①系统梳理回忆：对课堂上老师所讲的知识点进行系统的梳理和回忆。针对记忆空白或模糊的部分进行有针对性的复习。这种回忆不仅增强了学习的针对性，还培养了发散性思维，让学生习惯用思考来解决问题。②重点复习与记录：将回忆中的空白点和难点作为重点进行复习。记录教材中对应的内容，利用课本进行有针对性的复习和记忆。同时，进行笔记记录，将关键词和联想记忆点归纳总结，为后续的复习提供便利。③课堂笔记记录：在课堂上，全面理解老师所讲的内容，并对重难点进行标注，详细记录笔记。回顾课堂后，对未完整记录的部分进行查阅和修复，为课后的复习和记忆做好准备。④查阅相关资料：查阅相关的书籍和资料，解决课堂上仍存在疑虑的问题。将这些知识点与课堂内容关联起来，围绕课堂内容进行课外资料查阅。对于精彩的部分，进行记录和摘抄，构建一个全面立体的知识脉络，使学习充满趣味，并促进知识的良性循环。

5. 复习的时候要做到全身心投入

在复习过程中，要全身心地投入进去。通过眼睛、耳朵、口、手、心和脑的综合运用，才能实现最佳的复习效果。科学研究显示，仅仅依靠视觉学习只能获取约20%的知识，而依靠听觉获取的知识更少，仅约15%。然而，通过全面的感官投入，可以获得超过50%的知识。因此，全面投入学习不仅有助于加强记忆和理解，还能提高思维能力。

6. 制订科学的复习计划，在特定的时间做特定的事

制订科学的复习计划很重要，而且在特定的时间点进行特定学科的复习可以形成习惯。研究表明，固定时间点进行特定任务能够提高效率。因此，我们可以借鉴这个原理，利用特定的时间来复习特定的内容。举例来说，每天早上起床后半小时进行英语单词背诵，随着时间的推移，你会形成早上背单词的习惯，这将大大提高学习效率。这种规律性的复习安排有助于建立稳定的学习节奏，增强记忆效果。

7. 要适时做好系统性复习

每日独立的复习之后，应以一周或一个月为一个小周期，对所学知识进行梳理和总结，从而进行复习情况的反馈。定期的知识梳理有助于发现模糊之处，加强记忆，并构建更为全面且立体的知识框架。在小周期内，可以回顾已学内容，将零散的知识点进行整合和串联。可以通过笔记、总结、归纳等方式，将重要的概念、公式、原理等进行系统化整理，形成清晰的知识脉络。同时，对于不熟悉或理解不深的部分，可以针对性地再次学习和复习，以强化记忆。此外，定期的梳理还有助于发现自己的学习情况，及时调整复习策略。如果在梳理过程中发现某些内容仍然模糊不清，可以重新加强复习，找出问题所在，并寻求解决方法。通过不断地调整和反馈，可以提高复习的效率和效果。

8. 严格执行复习计划

制订好的复习计划必须严格遵循，不容因惰性而有所松懈。每天都要明确规划复习的具体内容和范围，无论是时间分配还是学习内容，都应进行科学而合理的安排。一旦计划确定，就应坚决地按照计划进行，不容退缩。为了确保复习计划的执行，可以采取一些措施来增强执行力。首先，可以将计划细化成具体的任务清单，明确每天需要完成的复习任务。其次，可以设置提醒或闹钟，帮助提醒自己按时开始复习。最后，可以寻找学习伙伴或朋友，互相监督和鼓励，共同坚持执行计划。同时，要养成及时总结和调整计划的习惯。每天结束时，回顾一下已完成的任务，看看是否按计划进行，发现问题及时调整。如果发现计划存在不切实际的地方，要勇敢地进行调整，以确保计划的科学性和可行性。

9. 坚持实事求是，科学制订复习计划

在制订复习计划时，需要充分考虑自身的实际情况。过于繁重的复习任务可能会造成效果不佳，而过于草率的复习则可能导致知识掌握不够扎实，影响学习效果。因此，制订复习计划时应综合考虑课程内容的难易程度、个人的学习习惯、时间的合理安排等。首先，要明确复习的重点和难点，将重要的知识点和考点列入计划，确保重点得到充分的复习和强化。其次，要根据自己的时间安排和精力状态，合理分配每个知识点的复习时间，避免过于集中或分散过度，保持学习的连贯性和高效性。再次，制订复习计划时要考虑到复习方法的多样性，包括阅读教材、做习题、总结笔记、讨论交流等，以便更全面地掌握知识。最后，还要合理安排休息时间，确保身心健康，避免疲劳影响复习效果。总之，制订复习计划应结合个人情况，科学合理地安排复习内容和时间，以达到高效的复习效果，确保知识的牢固掌握。

10. 科学规划复习时间

高中阶段的学习时间十分宝贵，因此我们需要善于利用碎片时间进行复习。即使在繁忙的学习日程中，我们也可以在零散的时间段里进行有效的学习。在上学路上、午休时、等候时，都可以拿出一本教材或笔记，进行快速的复习。充分把握这些碎片时间，累积起来将会产生意想不到的效果。不仅在课外，课堂上也可以进行有针对性的复习。在老师讲解相关知识时，可以进行联想和思考，加深对内容的理解。这不仅能够加强记忆，还能够与课堂内容形成更紧密的连接，帮助更好地理解和掌握。在利用碎片时间进行复习时，我们要注意合理安排复习内容。选择一些简单易懂的知识点进行温习，避免过于复杂的内容在短时间内难以消化。另外，要注意保持专注，避免分散注意力，确保每一刻都得到充分的利用。

五、高中地理高效课堂的教学评价

（一）教师教学评价

教师的教学评价是教育中不可或缺的一环，对于教学的质量提升及课程的发展具有重要作用。它不仅能促进教师的专业水平提升，还有助于课程的创新和优化。有效的评价可以增强教师的教学能力、课程设计能力和教育研究能力，从而使地理课程更富效果，激发学生对地理学习的浓厚兴趣。因此，教学评价成为打造出色地理课堂的关键要素之一。学校应建立科学的评价体系，对地理课程进行全面深入的评估。而这一体系应该由教师、学生和家长等多方参与，从而实现全面的反馈和建议。这种评价体系不仅有助于教师发现自身不足并积极改进，也有助于凸显各自的优势，形成更全面的教学水平提升。

（二）学生学习评价

1. 定量、定性评价

在构建高效的地理课堂教学过程中，定量评价如考分和等级评定仍然是重要的评价手段。这种方式能够帮助教师更全面地了解学生的学习水平和进展情况，同时也为教师提供了检验学生学习成果的工具。例如，学校常用的月考和周练等方式就是对学生一段时间内学习成果的定量评价。然而，在全面了解学生的基础上，定性评价也同样重要。定性评价涉及教师通过心理疏导谈话、行为观察等方式，从不同角度对学生进行分析和评价。这种方法能够帮助教师更深入地理解学生，为他们提供更有针对性的帮助，从而促进学生的全面发展和进步。综合运用定量和定性评价，可以使教学更加有针对性和有效性。

2. 过程性评价

过程性评价是对学生当前发展状况的反映，旨在及时反馈学习中的难题与问题，为学生提供针对性的解决方案，同时也能促使教师及时修正教学方法和内容。此类评价具有两个重要特征，即高度关注学习过程和重视非预期结果。月考、周考成绩检测，以及谈话记录等均属于过程性评价的范畴。结合实际情况，可将阶段性评价与学生课内外评价综合考量。

（1）地理课堂表现评价

学生在地理课堂上的表现不仅反映教师的教学水平，也折射教师的综合素质。通过评价学生的课堂表现，能够规范教师的教学行为，引导教师完善和调整教学方法，进一步研究适合学生的教学方式。这有助于提升教师的业务素质，强化课堂效率，激发教师追求高效课堂的动力，从而提升整体教学水平。因此，地理课堂表现评价是地理课程过程性评价的关键环节。

（2）对每个地理单元进行检测评价

为了了解学生对地理知识的掌握情况，以及各个章节之间的衔接和知识网络构建，地理教师可进行章节测试，从而巩固知识点、加深记忆，并检验学习质量。根据学生测试结果的整合分析，教师可识别学生知识的模糊点和难点，以便有针对性地进行重点讲解，提高教学效果。测试题目需符合《普通高中地理课程标准》允许的范围，切合学生实际学习水平。

（3）建立学生地理学习档案

建立学生地理学习档案有助于教师全面了解学生的学习水平、进度、难点和不足，以及学生的进步与退步等信息。学习档案应包含多个方面的内容，不仅限于学习，还需涵盖学生的身心健康、教师的评价建议、家长的反馈等。详尽的学生地理学习档案有助于优化教学方法与模式，提高学生学习水平。

3. 终结性评价

终结性评价在学生学习过程中具有关键作用。过程性评价虽然能够针对特定时期的学习效果进行评估，但不能全面、多角度、综合地衡量学生的学习能力，也难以客观地呈现教师的教学模式和课程设计。因此，终结性评价显得尤为重要。

不同于单元检测，终结性评价是在一定时间范围内，在阶段性学习后，由教育部门或学校组织的大规模评估活动。终结性评价旨在检验学生的学习成果，评估教师的教学水平，是一种重要的测评形式。

终结性评价具有以下重要功能：

全面评估学生能力：终结性评价能够更全面地评估学生的知识、技能和能力，涵盖学习的多个方面，包括知识的掌握、分析能力、创新思维等。

提供教学反馈：通过终结性评价结果，教师能够了解学生在整个学习阶段的表现，从而更好地调整教学方法和策略，优化教学过程。

监测教学质量：终结性评价不仅关注学生，也是对教师教学质量的一种监测手段，有助于发现教学中存在的问题和不足。

指导课程改进：通过对终结性评价结果的分析，学校和教育部门可以了解整体教学效果，从而对课程设置和教材选择进行有针对性的改进。

提高学习积极性：终结性评价的结果对学生来说具有一定的激励作用，能够激发他们更积极地投入学习，努力取得更好的成绩。

在构建高效地理课堂中，终结性评价与过程性评价相辅相成。综合考虑这两种评价方式的结果，可以更全面地了解学生和教师的表现，从而不断提升教学质量和学习效果。

参考文献

[1] 顾筱莉，朱雪梅. 地理教学论 [M]. 南京：河海大学出版社，2018.

[2] 严龙成. 学本课堂背景下中学地理教学设计及案例评析 [M]. 成都：四川大学出版社，2018.

[3] 刘刚，曹彤，赵丽娟. 中学地理差异教学情境创设 [M]. 北京：教育科学出版社，2018.

[4] 周慧. 基于学科核心素养的初中地理组件教学设计 [M]. 广州：广东人民出版社，2018.

[5] 高连青. 地理教学 30 年 [M]. 天津：天津教育出版社，2018.

[6] 刘玉霞. 教育技术与高中地理教学 [M]. 长春：吉林大学出版社，2018.

[7] 聂纯. 地理教学方法与教学模式探析 [M]. 长春：东北师范大学出版社，2018.

[8] 姚杰. 地理教学的传承与创新 [M]. 延吉：延边大学出版社，2019.

[9] 陈进. 中学乡土地理教学策略与实践 [M]. 南京：河海大学出版社，2019.

[10] 孙巧玲. 中学地理教学 [M]. 汕头：汕头大学出版社，2019.

[11] 郭新闻. 高中地理教学中的问题与对策研究 [M]. 延吉：延边大学出版社，2019.

[12] 张素娟. 地理学科本质问题解析与中学地理教学 [M]. 北京：北京师范大学出版社，2019.

[13] 孙汉群. 地理信息技术与地理教学的整合 [M]. 南京：江苏人民出版社，2020.

[14] 陈文献，王传忠，宋波. 地理教学设计研究 [M]. 汕头：汕头大学出版社，2020.

[15] 户清丽. 中学地理教学案例研究 [M]. 西安：陕西师范大学出版总社有限公司，2020.

[16] 廖顺学，姜春英，韩贤发. 微课在历史、政治、地理教学中的应用研究 [M]. 长春：吉林人民出版社，2020.

[17] 武剑英. 高中地理项目式教学实践研究 [M]. 济南：山东科学技术出版社，2020.

[18] 钱凤英. 基于学科核心素养的中学地理情境教学的实践研究 [M]. 上海：上海教育出版社，2020.

[19] 林庆安. 中学地理教学的规范性与有效性研究 [M]. 芜湖：安徽师范大学出版社，2021.

[20] 杨修志. 行动研究视野下的中学地理教学 [M]. 芜湖：安徽师范大学出版社，2021.

[21] 池春刚. 新课程标准下的高中地理教学及评价研究 [M]. 青岛：中国海洋大学出版社，2021.

[22] 尚志海. 地理学科知识与教学能力 [M]. 哈尔滨：哈尔滨工业大学出版社，2021.

[23] 吴涛，李凤全，陈梅花. 地理信息科学实践应用教学案例 [M]. 武汉：武汉大学出版社，2021.

[24] 李素霞，陈慧蓉. 地理科学专业实践教学改革研究 [M]. 武汉：武汉大学出版社，2021.

[25] 付申珍. 中学地理长效教学的理论探索与实践 [M]. 重庆：重庆大学出版社，2021.

[26] 王桂玉，马福恩，韩晗. 微课在地理教学中的应用研究 [M]. 青岛：中国海洋大学出版社，2021.

[27] 陈杰. 沉思沉吟为课堂：我的地理教学实践与思考 [M]. 上海：上海教育出版社，2021.

[28] 蒋少卿. 我的地理教学行与思：高中地理教师教学研究 [M]. 上海：

上海社会科学院出版社，2022.

[29] 林庆安. 基于学科核心素养的高中地理教学设计 [M]. 芜湖：安徽师范大学出版社，2022.

[30] 荣文秀，霍建忠. 高中地理教学中学生核心素养培养研究 [M]. 青岛：中国海洋大学出版社，2022.

[31] 王民，马巍，朱小丽. 中学地理教师教学用书研究 [M]. 北京：中国地图出版社，2022.

[32] 曾呈进. 新课程背景下的中学地理探研式教学 [M]. 福州：福建教育出版社，2022.